JN236777

わがソウルメイト、夫・ブライアンとともに——

ソウルメイト・シークレット

THE SOULMATE SECRET

運命の恋人と出逢い、
最幸の結婚を実現する黄金法則

アリエール・フォード 著
橋本碩也 訳

ランダムハウス講談社

まえがき

『「脳にいいこと」だけをやりなさい！』著者
マーシー・シャイモフ

今あなたが手にしているこの本に、10年前の私なら、ぜひ「めぐり合いたい」と思ったことでしょう！

当時の私は40歳。独身で、恵まれた生活をしていました。体は健康そのもの、毎日をクリエイティブに生き、仕事も充実していました。そう、私の人生はすべてうまくいっていたのです。

たった一つのことを除いて……。

それは、**私にはまだ、ソウルメイトと呼べる人が見つかっていなかったということです**。あの時代、本書の著者であるアリエールと私は、電話で何時間もおたがいの不運な身の上を慰め合っていました（彼女は、私も著者として参加していた『こころのチキンスープ』シリーズの有能な広報担当者でした）。

そうです。私たちは知的で、情熱的で、立派に成功したはずの女性なのに、なぜなの？ と嘆いていたのです。「私たちの前に、すばらしい男の人が現れないのは、なぜなのよぉー？」と。もし〝かわいそうな自分同好会〟のようなものがあったとしたら、アリエールと私は十分な資格があり、立派な会員になっていたはずでした。

その後、アリエールは「引き寄せの法則」をしっかりと活用し始め、目を見張るようなすばらしい成果を次から次に引き出していきました。私たちは、ほとんど毎日話をしていたので、彼女のすばらしい展開を私は最前列で見物しているようなものでした。

彼女がブライアンのようなすてきな男性と、愛し合い、助け合い、愛を育む関係をつくり上げたことは、私をとても奮起させました。そして彼女が、ついには最後のフロンティア——つまり、親密な関係——へとたどり着いた経緯は、私がとるべきステップの青写真となりました。

そこで**私も、アリエールがたどった道を進むことにしました。すると、彼女がソウルメイトを見つけてちょうど1年後に、私も自分のソウルメイトと出会ったのです！**

「引き寄せの法則」をテーマにしたベストセラーで、映画化もされている『ザ・シークレット』では、私たちは自分の外部のもの、たとえば富、成功、そして親密な関係などを「それらが私たちを幸福にしてくれると信じているがゆえに」求めるのだ、という考え方が取り上げられました。

しかし、実際は、逆です。**ほんとうは、幸福であればあるほど、より容易に自分たちが欲しいものを引き寄せられるのです**。この点について私はもっと掘り下げて、著書『「脳にいいこと」だけをやりなさい！』にまとめました。

私たちは日々のあらゆる瞬間に、強力なシグナルを周囲に発していますが、自分たちの周囲にいる人たちは敏感にそれらを感じ取っています。ですから、絶望的になっている人はもっと絶望するようなことがらを自分に引き寄せてしまい、また、何かを成し遂げた人は、自分自身がもっと大きなことを達成するための磁石になっているのです。

ということは、もしあなたが、自分にふさわしい人生のパートナーとして、幸せで、情熱的な人を引き寄せたいなら、まずあなた自身が幸せで情熱的な人物にならなければなりません。**この引き寄せの法則こそ、アリエールが自分の人生において大成功を収めた秘訣だったのです**。そしてその手法を、彼女は本書の中で、明確に、実例に即して、読者にインスピレーションを与えられるようにまとめています。

本書で紹介されている手法は、実際の取り組み方やそのプロセスを楽しみながら、自分がすでに手にしている愛にすばらしい賛歌を添えることができるように、案内してくれます。そして、その自分の愛を他の人と称え合えるように導いてくれています。

最後に、これからこのすばらしいジャーニーに出発されるに際して、留意していただきたいことがあります。それは、ソウルメイトとの関係から引き出そうとする自分の幸福のことについてはしばらく措《お》くことにして、逆に、ソウルメイトとの関係に持ち込むことのできる愛や満足感について、多くのことを考えていただきたいということです。

今や機は熟しています。あなたが自分のことをもっと強く信じられるようになれば、最愛のソウルメイトは自然と——まるで火に近づいてくる虫のように——あなたのそばに引き寄せられてくるでしょう。

目次

2章 「トレジャー・マップ」活用法

3章 ソウルメイトを迎える「準備」をする

4章 「愛を呼び込む部屋」をつくる

5章　「引き寄せの法則」を応用する

6章　「イメージ・リスト」を書き出す

7章　すべては「行動」から始まる

8章 「待つこと」を楽しむ

献辞

わがソウルメイト、ブライアン・ヒラードへ。

あなたは私の礎、私の心の安らぎ、

私が安全に着地できる場所、

そして、生まれてきてよかったと思えるところへ

跳んでいくことのできる跳躍台です。

THE SOULMATE SECRET:

Manifest the Love of Your Life with the Law of Attraction

by Arielle Ford

Copyright © 2009 by Arielle Ford
Japanese translation rights arrangement with HarperCollins Publishers
through Japan UNI Agency, Inc., Tokyo

1章　「ソウルメイト・シークレット」とは？

44歳の私がソウルメイトに出会えた秘密

あなたは、「どうすれば最愛のパートナーを見つけられるのだろう？」と思い悩んだことはありませんか？　今まで、ソウルメイトに出会うことを待ち望んできたのでは？　あなたのほんとうの夢は、自分を心から愛してくれるパートナーを見つけることではありませんか？

この本には、その方法が書かれています。

私は44歳になってソウルメイトに出会い、結婚をしましたが、それまでに支配欲の強い人、受け身な人、攻撃的な人、パートナーの存在を無視する人、つまらない人、狭量な人など、たくさんの男性とつきあいました。別の言葉で言うと、結局、私はずっと〝負け犬〟だったわけです。

しかしそのおかげで、恋愛には何が大切で、どんなことが障害になるのか、自分の身で経験することができました。そして同時に、強い愛を引き寄せるための法則も見つけ出したのです。**私はこれを「ソウルメイト・シークレット」と名づけました。**

私たちの存在するこの宇宙は、自分の信念とぴったり合う人物をあなたのもとへ送ってきたり、あなたが信じていることを経験させてくれたりするようになっています。ですから、あなたに「ソウルメイトが見つかるなんて信じられない」という思いがあったら、どうなりますか？　そうです、**あなたの懸念どおり、ソウルメイトは見つかりません**。

しかしあなたが、もしソウルメイトがそこにいるというだけではなく、あなたを探しているとまで信じられれば、あなたはその人を迎え入れるドアを開いたも同然です。

私の祖母は、「どんな壺にもぴったりの蓋《ふた》があるものよ」とよく話してくれたものです。言い換えると、「どんな人でもふさわしい相手がいる」ということです。

しかし正直なところ、私も30代のころは、祖母の説に何度も何度も疑問を抱いたものです。それまでの私には、「自分という壺にふさわしい蓋」がどこにも見つからなかったのですから。

そんなある日、「私のソウルメイトは、必ず、どこかに存在する」という信念を、しっかりと自分の心に芽生えさせた出来事がありました。

それは、オプラ・ウィンフリーのトーク・ショーをテレビで見ていたときです。ゲストはバーブラ・ストライサンドでした。バーブラはそのとき、ジェームズ・ブローリンと恋をしていました。

私はこう思ったのです。

「バーブラなんて、とても裕福で、超有名な才女で、その上、評判の気むずかしがり屋で、誰もが近寄りがたいと思っている女性じゃないの！　そんな人にふさわしい男性なんて、いったい、何人いるっていうの？」

そして、私はひらめいたのです。

「そんなバーブラでもぴったりの男性がいるというなら、私など、いっぱいいることになるわ！」

このひらめきの瞬間こそ、まさに〝ステート・オブ・グレース〟（神の恵みを受けた状態）だったのです。このとき私はしっかりと、バーブラ・ストライサンドにぴったりの男性がいたのだから、私にもぴったりの人がいるはずだと、絶対的な確信が持てたのです。

ただ、よくある話ですが、最終的にそんな私のソウルメイトである王子さまに出会うまでには、何匹ものカエルとキスをしなければ——つまり退屈な人とつきあわなければなりませんでしたが……。

1980年代の初め、私はフロリダ州マイアミ市に住んでいて、当時、とてもキュートな、しかし、常軌を逸するほど支配欲の強い科学者とつきあっていました。そんな彼を、やさしくて、愛情にあふれ、つきあいやすい性格に変える方法がきっとあるはずだと私は考えていました。しかし、そんなうまい話はありませんでした。

それでも、彼との関係をなんとかしたいと思案に暮れた私は、マイアミ・ビーチでよく知られていた霊能者のところに行きました。きっと「マイアミでしばらく頑張れば、私がつきあっている〝カエル〟が〝王子さま〟になり、これまでのようなついたり離れたりしていた関係から、固く結びついた関係になるだろう」といったお告げをしてくれると期待したのです。

しかし私は、霊能者のご託宣に仰天することになりました。**「6カ月以内にあなたはカリフォルニアに移り、その後の人生を西海岸で過ごすだろう」**と言うのです。

それから数週間後、私は勤務先から突然解雇されました。そんなことは想像もしていなかったので、とても驚きました。私の上司であった幹部社員も、私がクビになったことを知って驚き、ある計画を打ち明けてきました。彼も近々会社を辞め、大きな事業を立ち上げたいのだ、と言います。そして、6カ月もすれば、私に最適な仕事が用意できるので、雇いたいと言うのです。

いざとなれば、そんな元上司からのオファーがマイアミで待っていると気丈夫になり、今は多少冒険をしてもいい時期だと考え、6カ月ほどカリフォルニア州のロサンゼルスへ行ってみることにしました。

ロスには前に一度行ったことがあり、とても気に入った街でした。数日で荷物をまとめ、仕事のつながりの全くない、知り合いは一人の友人のみ、という街へ出向きました。

長時間のフライトでは、シャクティ・ガワインの『理想の自分になれる法――CVという奇跡』という本を読みました。この本を読んで、基本的なビジュアライゼーション（視覚化）のテクニックと、自分の人生で起きてほしい状況や出来事を感じ取る技術を知り得たような気がしました。このほかに、ヴェニス・ブラッドワース博士が１９５０年代に書いた『マインド革命――幸福への36章』も読みました。

ロスに着いた私は、ニューソートという宗派の教会を訪れ、自分の人生を豊かにする日々の祈りを教えてもらいました。実際にやってみると、驚いたことに、これらのテクニックが効果を発揮するではありませんか！ **数週間のうちに、よい仕事が見つかり、数人の知り合いもでき、すてきなルームメイトもいる理想的な部屋も見つかったのです。**

その後の数年間、前述のテクニックを応用して、自分のキャリアや生活環境を飛躍的に向上させることに成功しました。……しかし、自分の恋や愛についてだけは、一向にうまくいかなかったのです。

私は、セラピーを受けたり、自己啓発のさまざまなワークショップに参加したりしました。そしてそのうち、私にはいくつか問題があり、それらがソウルメイトとの出会いを妨げているのだ、と気づいたのです。たとえば、次のようなことです。

①私はいい人といい関係になることなどできないと思っていたこと
②自分自身を愛していなかったこと
③心の悩みをいっぱい抱えていたこと

私とソウルメイトとの出会いを妨げているこれらの問題に、自分で本気で取り組み、克服するまでは、自分が得たいと願う結果を手にすることができない、ということがわかったのです。

そこでこれまでに学んだマニフェスト(願望実現)のやり方や、心理学、スピリチュアルの手法、そして「引き寄せの法則」を繰り出していきました。そうすると、自分がどうすべきなのかがはっきりと理解できるようになりました。

まず、自分の家のガラクタを処分し、同時に心の中もすっきりと整理しました。そして、マニフェストやビジュアライゼーションのテクニック、儀式や祈りのやり方などを学び、あるいは自分で開発していきました。これらは私がソウルメイトを迎えるために、自分の体やマインド(精神)、ハート(心)、スピリット(気概)、そして自宅を整え、準備するための大きな助けとなりました。

その後も、真剣に自分のソウルメイトのイメージを描いて毎日を過ごしていました。すると、**それから6カ月も経たないうちに、私が望み、期待していたイメージ以上のソウルメイト、ブライアンと出会ったのです！** 彼はほんとうに、私の望み以上の人物でした。

そして、今でもそれに変わりはありません。

ソウルメイトとの出会いに年齢は関係ない！

自分に準備をする気持ちがあるなら、どんな人でも、どんな年齢でも、ほんとうの愛を見つけることができます。あなたがこの本を開いたということは、その準備の重要な初めの一歩を、すでに歩み始めたということです。

本書は、あなたにぴったりのソウルメイトを迎えるために、あなたの心身や自宅を完璧に準備する案内書です。マニフェストのテクニックや、儀式、祈り、そのほか本書で説明しているエクササイズを実践していくうちに、心に描いた理想のパートナーを引き寄せる準備ができ上がるでしょう。

私はどんなことであれ、自分の人生において成功するためには、考えたことを行動に移さなければならない、と固く信じています。ここでいちばん大事なことは、みなさんが**「自分のソウルメイトは必ず存在する、しかも、自分がその人を探しているように、その人も自分を探し求めているのだ」**と、固く信じて行動することです。

実際、私たちがソウルメイトを迎える準備をするためには、やるべきことが山ほどあります。本書では実際に実行するべき具体的な課題を、ほぼ全章にわたって紹介しています。あなたがそれらをクリアし、愛を受けいれる準備ができれば、愛は進むべき道を見つけてあなたのところへやってくるでしょう。

そう、そんなことあり得ない、と思うようなことも起きるのです。その例が私の義理の母、ペギーです。

義母はそのとき、55年間の結婚生活の後、5年間の寡婦暮らしをしていましたが、80歳のとき、パートナーを見つけたいと思って行動を始めたのです。すると数カ月もしないうちに、同じように50年ちょっとの結婚生活の後に独り身となった、相手の男性、ジョンと出会いました。

今ではペギーとジョンは、自分たちの愛を再確認し合い、まるでティーンエージャーのように楽しく過ごしています。つまり、**あなたが18歳であっても、あるいは88歳であっても、ソウルメイトに出会うのに遅すぎるということはないのです。**

ところで、「ソウルメイト」という言葉を、そもそもご存じでしたでしょうか？　念のため、この言葉を私がどのような意味で使っているのかを説明しておきます。

ソウルメイトとは、「おたがいにとても深く理解し合い、強くつながっている関係であり、その人と一緒にいればあなたはありのままの自分になり、あなたが無条件に愛することができて、その人も無条件にあなたを愛することができる」、そんなパートナーのことです。

多少感傷的な言い方になることを恐れずに表現すれば、**ソウルメイトとは、〝未完成なあなたを完成に導いてくれるパートナー〟なのです**。

リチャード・ギア主演の映画『シャル・ウィ・ダンス？』のなかで、スーザン・サランドン扮する妻のビバリーが、自分の愛するソウルメイトと結婚していることを幸福だと感じている気持ちを説明するすばらしいシーンがあります。

「私たちには人生の証人が必要なの。地球上には何十億人もの人がいるけど、その一人一人の人生は私にとってなんの意味もないの。でも、結婚している相手は違うわ。そう、その一人の人のすべてを気にかけるってことなの。いいことも、悪いことも、ひどいことも、なんでもないことも、すべてを、いつも、毎日。それは、こう言っていることなの――あなたの人生は、気づかれないってことはあり得ないの。だって、私が見ているのだから。あなたの人生は気づかれないわけがないの。だって、私がいつも目撃しているのだから」

あなたがソウルメイトについての考え方に賛同できるか、できないかにかかわらず、本書はビバリー役のサランドンが説明している〝ビッグ・ラブ〟をあなたが得られるように案内をしていきます。

「フィーリングゼーション」の手法をマスターしよう

私自身、完全なパートナーと出会うために、必要な方法をいくつか考え出し、その一つを**「フィーリングゼーション」**(感じ取ること)と名づけました。これと同じことを人は「ビジュアライゼーション」と呼ぶかもしれませんが、このフィーリングゼーションのほうがより正確な言葉だと考えます。

単にビジュアライズ、つまり、映像化してみるだけでは不十分で、もし、好ましい結末を引き寄せたいのなら、自分の全細胞が招きたい結果を感じるように仕向けていかなければなりません。引き寄せの力は、イメージを持つことではなく、感じることによって得られるからです。

たとえば、あなたは豪華な高級車を欲しいと思っていますが、資金的に余裕がないとします。それでもあなたは毎日、毎週、あるいは毎月、その車のイメージを細部まで描き、自分がハンドルを握って座っている姿を思い浮かべます。

しかし、もし自分がそんな高級車にふさわしいのだとほんとうに信じていないなら、あるいはイメージを描くことで有頂天になるのではなく、不安をかき立てられるのであれば、高級車を手にすることはできないでしょう。

自分が高級車にふさわしいのだと思えるようになるには、あなたがその車を運転しているときにはどんな感じなのかを感覚的に感じとるようになることが必要です。**自分は高級車にふさわしいのだと、全身全霊で感じ、あるいはある意味で、すでに高級車は自分のものになっていると感じることが必要なのです。**

これが〝感じとること〟と私が名づけている理由です。あなたがソウルメイトと一緒に経験することを望んでいるという気持ちを育み、また、自分とソウルメイトはすでに一緒に生活しているという気持ちで生活を始めれば、それだけであなたはすんなりとすてきな異性に遭遇する道へ導かれていることになります。

実際、この〝感じとること〟のテクニックを、これまでの私の人生での大きな決断のときにはつねにガイドとしてきました。

自分が仕事をするようになった当初、私は自分がいったい何をしたいのか、はっきりとわかっていたわけではありませんでした。しかし、自分の心の赴くままにすれば、自分がどんな気持ちになるのか、この点については、いつも理解していました。

たとえば、私が1984年にロサンゼルスに行ったとき、すぐに仕事を見つけたいと思っていましたが、当時の私は若く、世界の娯楽の中心地では生まれて初めて経験することばかりでしたので、どんな職種を探せばいいのか見当もつきませんでした。でも、自分が満足できて、クリエイティブで、そして報酬もいいという、そんな仕事に就きたいことだけははっきりしていました。

そこで**毎日2回、横になって目をつむり、自分が楽しく、創造的で、自分の持っている能力を発揮できて、十分な給料がある仕事のイメージを全身で思い浮かべ、そして感じました**。すると、これをやり始めて10日もしないうちに、完璧な仕事が見つかりました。

さらに、このテクニックを住むところを見つけるためにも使い、その結果、とてもすばらしいアパートを見つけました。おまけに、自分が掃除も料理もします、と言い張るルームメイトも見つかったのです！

ブライアンに出会う前に、私は〝感じ取ること〟を習慣にしていました。つまり、毎日、日没時には座り心地のよい椅子に体を預け、蠟燭《ろうそく》をいくつかともし、グレゴリオ聖歌のCDを聴くのです。

目を閉じれば、自分のソウルメイトが私の人生の中にいるような喜びの境地に入っていきます。このすばらしい気持ちを私の全身で感じ、そう感じながら、彼が私のところへ向かっている途中であることを知るのです（彼が遅れていてなかなか来てくれない、という思いが脳裏をよぎる日もありますが、でもそんな不安は解き放してしまい、恵まれている気持ちに戻って、彼が来ることは確かなのだと思うようにしていました）。

〝感じ取ること〟は、心がとてもリラックスできるという恩恵もあり、それはあなたの健康にとって、とてもプラスになります。**朝の静かなひと時や、就寝前の時間を利用して、自分の心がどのように感じ取っているのか、見つめ直してみましょう。**

効果を最大限にするため、次のような準備をしておくといいでしょう。

①ほかの人や、ペット、電話などに邪魔されず、静かに横になり、あるいは楽な椅子に腰掛けているときに、自分が感じていることを読み取れること。

②窓にブラインドを掛け、蠟燭をともす。外の騒音が聞こえれば耳栓をする。
③1日1度、あるいは1週間に1度、この瞑想をする。1日か、1週間かは、まったくあなた次第。

もしあなたがすでに何カ月も、あるいは何年間もソウルメイトが現れることを待ち続けてきたのなら、この本はあなたの〝ビッグ・ラブ〟の夢を実現させるための知識と、そのツールを伝授することができます。

さあ、これから始めましょう！

マーシー・シャイモフが体験した、奇跡の愛の物語

まずは「ソウルメイト」との出会いをわかりやすく説明してくれている、私の友人であるマーシー・シャイモフの例を紹介しましょう。彼女がソウルメイトに出会ったのは、40歳のとき。その経緯は、にわかには信じられないほど奇跡に満ちた、一つの物語です――。

過去のことをできる限り昔までさかのぼってみると、私はソウルメイトと一緒にいることをずっと夢見てきたように思います。でも、私が待っていたのはおとぎ話の王子さまではなく、私の心が安まるあたたかい家庭のような、運命の人であり、その人との深いつながりでした。

私は9歳のころより、夜ベッドに横たわると、神さまに「私のソウルメイトはどこにいるの？」と尋ねてきました。すると、いつも同じ答えが返ってきたものです。「イタリアにいる」と。

カリフォルニア州で育った少女にとって、イタリアとは奇妙な組み合わせです。でも、どういうわけか、そんな気にさせられました。そして、答えとともに顔も見えてきます。細部までくっきりと、というわけではありませんが、その人は黒い口ひげをたくわえ、ハンサムで颯爽《さっそう》としていました。

私が22歳になってもそんな人に出会っていなかったため、がっかりしていましたが、ちょうどそのころ私はあるセミナーに参加し、そこで「目標は明確かつ具体的に、自分で書き出しておかなければならない」ということを教わりました。

そこで「理想のソウルメイトに求めること」の一覧表をつくり始め、ソウルメイトに望む性格や資質をすべて書き出すようになりました。そして私が一覧表をつくり替えるたびに、その項目を60から70ほど書き出し、いずれの場合も「スピリチュアルな○○」「パワフルな○○」を一覧表のいちばん上に記しました。

私が落ち着いてよく考えているときは「スピリチュアル」な資質がトップにきて、バリバリ仕事をしているときには「パワフル」な項目がトップでした。

そして、〝ソウルメイト〟とラベルを貼ったフォルダーに、新しく書いたイメージの項目リストを入れるようにしたのです。私は今もそのフォルダーを保管していますが、長年の間に作成したリストは全部で23もあります。

そのころ私は5人のすばらしい男性と出会い、つきあっていたことがありました。しかし、つきあったものの、ずっと私を悩ませることがありました。それは、彼らは一人として自分が求めている人ではない、ということでした。

結局、私たちは別れました。私が本当に求めている本命のソウルメイトを迎えるため、私には心の余裕が必要だったからです。今、彼らとのつきあいを振り返ってみると、当時の私は、時機がくれば必ずソウルメイトが現れることを信じていて、それまでは彼らと一緒にいることを楽しむことにしたのでした。

そのほかの生活は、この上なくすばらしいものでした。仕事は最高で、私は『こころのチキンスープ』シリーズの著者の一人として名を連ね、『こころのチキンスープ10――母

から子へ　子から母へ』と、『あなたの天使がいるところ——こころのチキンスープ14』は、ニューヨーク・タイムズ紙のベストセラーの第1位となり、合計で何百万部も売れました。

私は世界中を見て回りましたし、何千人もの人たちを前に講演やセミナーをしました。ほんとうに、最高のキャリアを積んできたと思っています。しかしそんな私も、当時はいつも空虚さを感じていました。ほかの人はソウルメイトを見つけているのに、なぜ私のもとには現れないのだろうかと……。

私は長い間考え続けていました。何か悪いことでもしたためか？　神さまはなぜ私を懲らしめているのだろうか？　私はこのような質問で自分をいたぶり、ソウルメイトを見つけられない自分を責め立てていました。母に「なぜなの？」と愚痴を言うと、「心配しないで。待つ価値のある人がきっと現れるから」と慰めてくれたものでした。

そして、そのころ、ビジネスパートナーのジェニファー・リード・ホーソンと私は、『こころのチキンスープ』シリーズの次の作品のアイデアに思い至ったのです。今度は、〝シングルであるが幸福である人たち〟のことを知りたいと思っている私のような独身者を読者対象としました。つまり、パートナーの存在が幸福になるための必要条件ではない、ということがその本のメッセージでした。

私たちは1998年、私が40歳の誕生日を迎えた直後にこの本を書き始め、書いているときは、ソウルメイトを欲しいと思う気持ちを解き放してしまい、心から幸福であることに関心を向けていました。

それから私は、たいへんなことを知ることになったのです……。

本が発売されるや否や、私の〝独身教〟も終わりになるのです。本を書いているときから、実際、私はジェニファーに向かってほぼ毎日、「この本を書き終えたら、私のシングルも終わるわ」と言い続けていました。そう、そのとおりに私は感じ、言い、信じていたのです。でも、驚くでしょうが、いつどのようにして私の独身が終わるのかについては、なんの具体性もなかったのです。そう言いながらも、私は一生懸命自分だけの幸福を実現するために精を出していました。

そうしているうちに1999年1月、アイオワ州での寒い朝、私はある意味で異常な会合に参加しました。雪が解け、ぬかるんだ道をある建物に向かって進んでいきました。そこの会議室にはネイティブ・アメリカンの人が座っていて、ヤシの葉で占いをしていました。

彼らの伝統によると、人の運命はこの古代から受け継がれた、乾いたヤシの葉っぱにサンスクリットで書かれているとのことでした。何枚も積み重ねられた葉っぱをめくり、私を占う葉っぱを取り出しました。占い師は、私の名前、生年月日、誕生地のほかは、まったく何も知りません。しかし、私にまつわるすべてのこと、これからの将来を語ってくれるというのです。

占い師の最初の言葉は、「あなたの人生はすばらしいです」でした。それは私も異論がありません。さらに彼は、「しかし、夫がいないことについて、お話ししましょう」と言ってきたのです。

「あなたは今日から6カ月の間に、3人のソウルメイト候補の男性に次から次に出会います。全員、外国生まれです。ただ、彼らとはいい関係ができるものの、結果としては仲のよい友だちで終わります……」

私はそのネイティブ・アメリカンに、「その予言には無理がある。なぜなら私はこれまでの人生、次から次にそんな男性と会うことなどなかったから」と答えました。私のこれまでの出会いでは、いつも2、3年の年月が空いていたので、彼が描いたシナリオは、私にはばかげた話でした。

それでも占い師は、私の将来は予言どおりになり、これから話すことが起きると言い張りました。

「次に、あなたは4人目の男性とも出会います。そして、その人があなたの夫となります。彼のことがわかるように、もう少し説明しますと、彼は黒い髪で口ひげをたくわえ、地中海の国にいる民族の顔立ちをしています。彼はイタリアで生まれ、育っています。今、心理療法士として、人びとの人生の問題を解決するために取り組んでいます。彼は音楽、ダンス、芸術が好きです。やがてカリフォルニアに住みます。そして……」

彼は説明を続けました。

「……あなたより6歳若いです」

「そんなこと、あり得ないの！」と、私は腹立たしさを隠さず、またも口を挟みました。

「私は年下の人とデートをしたことなどないわ。これまでの相手はみんな年上よ。ほとんどは10歳ぐらい。だいたい、私は若い男の人は嫌いなの」

するとネイティブ・アメリカンはこう言いました。

「しかし、私にはどうにもなりません。彼はあなたの運命の人なのですから」

私は、このネイティブ・アメリカンの占い師はいい人だけれど、頭が多少おかしい、と考えながらその場を離れました。そして、すべてのことを無視し、ソウルメイトのことも忘れ、自分だけの幸せのために仕事に没頭しました。

しかし、2週間後、不思議なことが起こりました。私は一人のヨーロッパ人とデートを始めたのです。そしてその1カ月後、別の人（イギリス人です）とつきあい始め、仲のよい友人関係となりました。そしてそれから2カ月後、今度はロシア人とブラインド・デート（第三者の紹介による面識のなかった人とのデート）をすることになりました。また も、仲のよい友だち同士となりました。

信じられないかもしれませんが、このときはヤシの葉の予言のことは、まったく思い出していませんでした。すでに完全に忘れ去っていましたので、1番目の予言がすでに現実となっていたことも私の心には一度たりとも浮かんではきませんでした。

その後1999年9月15日に、『あなたの天使がいるところ――こころのチキンスープ14』が書店に並びました。

その翌日、私はニューヨーク州北部のキャットスキル・マウンテンにあるオメガ・インスティチュートへ出かけました。600名ほどと一緒に、個人のスピリチュアル・セミナーを受けるため、参加したのです。

小石を敷き詰めた広い駐車場に車を入れて、私は車から出ました。そこで会った最初の人がカレンでした。彼女とは1年前にこのオメガの別の研修のときに出会って以来、友だちになっていました。

「なんというシンクロニシティ（偶然）！」と、私は驚きました。というのも、彼女はその前の年に私が知り合った唯一の女性だったからです。彼女はそのとき参加したセミナーが終了したため、帰ろうとして車に乗り込むところでした。

おたがいにハグを交わした後、彼女が突如こう言ったのです。

「ある男の人にお会いになりますか？」

そして私はこう答えました。

「ええ、いつでも」

彼女は参加したダンスコースで出会った男の人のことを話してくれました。私がその人のことを気に入るだろうと彼女は判断し、紹介したのです。彼は私が受けようとしていたセミナーも続けて受けるため、宿泊しているとのことでした。

彼女が、「あなたは、体の大きなマッチョタイプは好み？」と聞いてきたので、私は「ええ、大好き！」と興奮気味に答えると、「でも、残念、彼はそんなタイプじゃないの」と彼女は言い、こう続けました。

「ソフトで、繊細な感じの人よ」

「ふーん、そう。私のタイプじゃないわ」と私は思いました。

次に、彼女がこう聞いてきました。

「年配の方がいいの？」

「そう、そうよ！」と、私はつらつと答えていました。

「でもね、年配でもないの。あなたより、5、6歳若いかも」と彼女。

私はすっかりしょげかえり、「そうですか。そんな方なら、私は会いたくもないわ」と答えました。

ちょうどそのときでした。カレンが振り返ったその視界の端に、その彼が駐車場の反対側を歩いて行くのをとらえ、指差したのです。しかし、彼の場所は遠くだったので、顔は見えませんでした。でも、彼が発散しているエネルギーのようなものを感じ取り、私はカレンの腕をつかみ、言いました。

「私、あの人に会うわ」

私たちは彼のもとへ急いで行きました。

カレンは、「セルジオ、私の友だちのマーシーを紹介するわ。彼女にダンスを教えてあげてね」と、彼に言いました。すると、私があいさつをする前に、セルジオは私の腕を取り、駐車場の砂利の上で、ワルツを踊り始めたのです。私はどうやらイタリア人の王子さまを紹介されたようでした。

私たちは、まるでこれまでずっと知り合いだったかのように、すぐに打ち解けました。

でもおたがいに、描いていたソウルメイトの姿とは違っていました。二人の気質もずいぶんと違っていました。彼はのんびりとしていて、いつもくつろいだ気分で、成熟している感じでした。私はエネルギッシュで、ものごとに夢中になるタイプであり、何かあれば手に負えなくなるような性格でした。

私たちが知り合ってからの数カ月間は、遠距離の関係を上手に保つため、たいへん困難を伴った時期でした（私はアイオワ州からカリフォルニア州に、2、3週間ごとに会いに行っていたのです）。また、二人のあまり共通点のない性格では、どれほど長続きするのか、不安でした。

ところがある朝、私がアイオワ州の自宅で起きようとしていたとき、それまで完全に忘れていたヤシの葉の予言のことをぱっと思い出したのです。私はベッドから飛び起き、私があのとき以来つけていたノートを読みました。そして、私はまるで頭を殴られたような衝撃を受けました。

私は受話器を取り、セルジオに電話しました。西海岸はまだ朝の5時でしたが、彼を起こして、ノートを読み、聞いてもらったのです。

「その人は、黒い髪に口ひげをたくわえ、地中海育ちの顔をしています。そう、彼はイタリア生まれのイタリア育ち。セラピストとして働き、人びとを助けています。音楽、ダンス、芸術を好みます。カリフォルニアに住んでいて、そして、私より6歳年下」

どの点もすべて予言と合致していました。唖然《あぜん》とした私たちは、おたがいにしばらく言葉を失っていました。

そうしているうちに、私の心にある記憶がよみがえってきたのです。子どものときに見た夢の中に現れた一人の男の人の顔――まさしく、それもセルジオの顔でした。

あれから10年近く経った今でも、私たちは幸せな毎日を送っています。あのネイティブ・アメリカンのヤシの葉の占い師は、正しかったのです。セルジオは私の運命の人であり、私の母も正しかったのです。セルジオは、待つ価値のある人だったのです！

……マーシーはこのようにしてセルジオを紹介されたのですが、もし彼女に、自分の本を書き終えて身の回りのことをきちんと整理しておくといったことがなければ、この出会いは起こり得なかったのです。

3章で説明する「準備」とは、まさにこのようなことです。ソウルメイトが不意に現れ、砂利の上でワルツを誘ってきても一緒に踊れるように、どんな準備もしておくべきなのです。

2章　「トレジャー・マップ」活用法

その考え方が、ソウルメイトを遠ざけている

私がとても好きになり、心のすべてで信じた人がいました。私たちはデートを始めるまで、15年間も友人でしたし、相性もよかったのです。彼はハリウッドの野心に満ちたプロデューサーで、私たちはお似合いのカップルとなりました。そして、新居を探したりして、結婚のことが具体化するようにもなっていました。

ところが、彼にはずっと別の女性がいたことがわかったのです。それを知ったとき、私は心臓が止まるほど衝撃を受けました。彼こそが私のソウルメイトだと心の底から思っていたため、このときは今までのどんな別れのときよりもひどく泣くことになりました。

そして、私はこのときこう考えたのです。

「いいと思う男性はすべて相手の女性が決まっている、あるいは、少なくとも私の生活する街にそんな男性はいない。だから、私は別のところへ移ったほうがいいのかも……」

それからは、私のすべてを理解し、すべてを愛してくれるような人にめぐり合えるなんてことは、とても信じられなくなってしまいました。

「私はまじめなキャリアウーマン。ちゃめっ気もあるし、心やさしい一面も持っている。

けれど、そんな私は、いい人にめぐり合えない……」
そう諦めるようになりました。

ここでいったん話をやめます。後の章で、ステファニーにはハッピーエンドが待っていますので、このまま読み進めていってください。

さて、**多くの人が人生のいずれかの段階で、ステファニーと同じ気持ちを経験しているはずです**。そんな実らないつきあいを少しでも（あるいは、たくさん）経験すると、自分の殻に閉じこもってしまったり、あるいは諦めてしまったりして、自分に合うパートナーが存在することが信じられなくなるものです。

私たちは恋をすることに憧れますが、しかし、理性がそれは不可能なことなのだと執拗に言い聞かせますので、内心では葛藤が生じます。それはまるで片方の自分が「そう、私にはとてもすばらしい相手がいるはずなの！」と叫んでいるのに、もう一方の自分が「いや、パートナーは見つかるわけがない！」と否定しているようなものなのです。

そして、私たちの考えが私たちの願望と矛盾すると、頭や心の内部で衝突が起き、その内部の矛盾によって気持ちが麻痺してしまったり、あるいは周りにたくさん存在する愛の可能性を見つけることさえできなくなるのです。

「引き寄せの法則」は、「私たちは心理状態の内奥に対応する事情や出来事、あるいは人を、引き寄せる」と教えています。言い換えると、**私たちは「頭で考えることを実際に経験することになる」ということです。**

もし私たちが「世界は愛にあふれていて、自分はその愛を与えたり、受け取ったりするにふさわしい」と信じられれば、「幸福なんてそんなにあるものではない、自分は幸福には値しないのだ」と思っている人たちより、すばらしい愛を自分に引き寄せられます。世界には愛があり、とても居心地のよい場所だと信じていれば、そのような経験をすることになります。逆に、世界は大混乱の状態であり、ストレスや怖いことがいっぱいである、と考えていると、結局はそんな現実を引き寄せてしまいます。

ですから、自分のソウルメイトはかならず存在すると信じたり、自覚したりすることは、そのソウルメイトを自分のところに引き寄せるために重要な、最初のステップなのです。

自分のソウルメイトが世界のどこかに確実にいることを百パーセントの確かさで信じられないのなら、信じさせてくれるような証拠をお見せしましょう。心の奥底で自分のソウルメイトが存在することを信じていれば、相手があなたの生活の中に入り込んでくることを阻むものは何もないでしょう。

たとえば、私の友人のトルーディの場合、ホールフードという食品スーパーの中にある店で、おいしそうなカンタロープ・メロンを探しているとき、**未来の夫と出会いました**。

また、私の前の同僚のパトリシアの場合は、親友が彼女を無理やりあるパーティに連れて行き、クロークのところで**未来の夫と出会っています**。

あるいは、後の章で紹介するゲイル・セミナラ・マンデルは、大晦日の夜にデートもなく、ジムでスウェットパンツに真っ赤な顔をしてエアロバイクを漕いでいたのですが、最後には彼女の隣で**将来の夫が同じようにエアロバイクに乗っていました**。

ショーン・ロウチの話も後で出てきますが、彼の場合はフロリダ州オーランドへの出張の飛行機の中で出会いました。彼は自分に結婚相手が見つかり、家庭を持つことなどないと思っていたのです。ところがその日、機内の通路で口汚く客室乗務員をののしる乗客がいて、客室乗務員を助けるために彼が立ち上がり、**将来の妻の目を見つめることとなりました**。

また、イギリス人のデビッド・ブラウンは、ある日、携帯電話のメールアドレスが自分の頭の中に浮かんできて、そのアドレスにメッセージを送信しました。結果、**そのメールアドレスの携帯電話の持ち主と親しくなり、愛が生まれました**。ブラウンには予想もできなかったことでした。

これらの例からわかることは、あなたのソウルメイトが、どのようにして、どこで、いつ、あなたの前に現れるのかを知っておく必要はない、ということです。今必要なことは、ソウルメイトである彼、あるいは彼女が世界に現に存在し、時機がくればおたがいに知り合うことになる、と信じることなのです。

同時に必要なことは、長年の間に知らず知らずに蓄積してしまった自分に対する否定的なイメージを取り払っておくことです。たとえばあなたは、心の奥底で自分は魅力的だと思っていますか？　私はあなたが魅力的な方だと確信できます。

なぜ？　それは、魅力的な人は自分の人生によりたくさんの愛を求めるからです。本書を読むことでさらに愛を得たいと考えているあなたは、その意味で魅力的な人だとわかります。……しかし、あなたが自分で魅力がないと思うなら、まずその考えから改めなければなりません。

私は、とても魅力的で、成功を収めた、シングルの人たちを知っていますが、**ソウルメイトを見つけることになると、彼らはとても否定的になり、自分に制限を設けてしまいます**。それはたとえば、次のようなことです。

①私は年をとりすぎている

②私は太りすぎている
③私はもういっぱい傷ついている
④私にはお荷物がたくさんある
⑤私はそれほど成功していない
⑥私は成功しすぎている
⑦いい人はすべて売りきれている
⑧私が関心を持つ人は、誰も私に関心を持ってくれない

これらは私たちを現状に甘んじさせているワンパターン思考の言い訳です。年齢、体重、収入、あるいは足かせとなっているほかのどんな要因にもかかわらず、愛はどこにでも存在していることを証明するエビデンス(証拠)は、たくさんあります。

私たちがほかの人とどんな関係にあったかという過去にはかかわりなく、これまでに経験してきたことは、ただただ、自分のほんとうの愛を見つけ出すための準備だった、と考えることができるのです。

熟年離婚で人生どん底の女性が、最幸の再婚を果たした！

私の友人リンダ・シーバッツェンは43歳のとき、19年間の結婚生活が破局を迎え、嘆きの日々を過ごしていました。しかし、その後、立ち直るに際しては自分が理想とする愛の存在をまず信じることが重要なステップであると私たちに教えてくれることになりました。

時は春で、夫と私の関係は長年の結婚生活の中でも、もっともうまくいっていた。乱暴だった夫があれほどやさしくなったのは時の移ろいのためか、あるいは美しい天候のためだったのか……。

夫はもはやそう簡単には怒らず、私のあら探しもしなくなった。以前のように大声を張り上げたり、汚い言葉で私をののしることもなくなった。また、意見のささいな食い違いで家を出るとも言わなくなった。

これまでずっと、私は心の奥底で悲しんでいた。結婚してから私の人生のほぼすべての時間は、自分の感情を抑え、薄氷を踏むようなはらはらしたものだった。そんな生活ではない人生を、パートナーと一緒に楽しく過ごすこととはいったいどんな生活なのか、知りたいと思い続けた。それぞれの純粋で開かれた心が、おたがいを温かく受け入れている姿に憧れた。

でも、私は結局、そのような愛にめぐり合える運命ではなかったと諦めるようになっていた。まったく知らなかった人と、たった8週間程度のつきあいで結婚した私の、当然の報いなのだと考えたのだ。

夫婦の関係がもっとよくなるかどうかは疑問に思っていたものの、夫が突然おとなしくなったことを考えれば、今まではなかった夫の親しさややさしさもあり得るのかしら、と期待していた。それなら、私が心から望んでいた愛のかたちを二人で新しくつくり上げる方法があるかもしれない、と願った。

しかし二人の19回目の結婚記念日のちょうど3日前、夫がなぜ機嫌よくなったのかその原因がわかった。彼には愛人ができたのだ。

愛人は別の州に住んでおり、小さな子どもが二人いて、夫を必要としており、そのため夫は生き生きとしていたのだ。その愛人との関係は、私と息子から夫が離れていくほどの、それも2千キロメートルも遠くに去っていくほどの、強い絆となっていた。

一瞬にして、私の計画や夢は壊れてしまった。夫は明るく、輝く将来に向かって歩み始め、一方の私は夫（そしておそらく私のよりどころである家庭）を失うことを嘆き、眠れない夜を何カ月も泣きながら過ごした。

来る日も来る日も、嘆き、不満を募らせることが私の日課となった。この10年の間に両親を相次いで亡くしていた私は、嘆く術を心得ていた。頬に涙を伝わらせたまま、犬を連れて散歩する私の姿を近所の人たちは見かけたものだ。

自分の心の中の暗く、ごつごつした塊のようなわだかまりを棄てず、気分を一新しないままでは、時とともに状態は悪化するばかりだった。私は枕に顔を押しつけ、泣き叫び続けた。そんなときは立ち上がる気力もなくしていた。夫の裏切り、そして失われた夫との人生を、私の心や体の隅々からすべて取り除いてやらなければ、このまま精神的な障害をも背負うことになると感じていた。

しかし、それから4、5カ月もしないうちに、私はあることに気がついた。私から去っていった夫が、私を自由にしてくれたことだ。私がビッグラブを手に入れられるように、親切に出ていってくれた、と思うようにしたのだ。

ビッグ・ラブは私がずっと望んできた愛のかたちであって、その時以降、その存在、つまりビッグラブが近くにあることを感じるようになり、自分の夫を私から奪ってくれた女性のことは、神に感謝するようになった。私の姉は、私が独りとなって味わえるようになった心の平穏について、「彼女に感謝のお花を贈らなくちゃね」と冗談を言っていた。

そのころ私は独り身の穏やかな生活を満喫していたが、前述のとおり、同時に〝彼〟、つまり、私のソウルメイトが自分の近くに存在していて、私が味わっていた幸福感を、やがてはさらに補完してくれるような、そんな気がしていた。

これまでの私の結婚生活では決して得られなかったが、私が必要としていた愛のかたちを彼がかなえてくれるように思えた（それはちょうど前の夫の愛人が、彼に満たしてあげたことと同じだった）。

「自分にとって特別な人が私に近づいてくる気がしています」と、私はセラピストに話した。「でも、私にはまだ心の準備ができていません。立ち直るにはもう少し時間が必要なんです」。

私がそう言うと、セラピストは「リンダ、あなたにはほかの人に与えるべき愛がいっぱいあります。あなたは、もうずいぶん長い間、その準備ができていたのです。そう、何年間も」と言った。

友人から「1年ほどは男性と真剣につきあわないほうがいい」とアドバイスされていたにもかかわらず、このセラピストの言葉は、私の心をしっかりと支えてくれた。そして私は、ほかの人がなんと言おうが気にしないことにした。

たとえ友人のアドバイスでも、あと何カ月も、何年も、無為に過ごすことはできない。もしビッググラブがこっちに向かっているなら、それが私の世界に入ってくることを止めようとするものがいれば、私がまずその止めようとするものを取り除かなければならない。

私はジムのメンバーになったり、女友だちと一緒にあちこちに出かけたりして、自分をなるべくそんな場に晒した。そして、人と出会い、たくさんの人とデートをした。でも、どの男性ともキスを数回した程度で、それ以上親しくはならず、家に招いて息子に会ってもらうようなこともなかった。

そんな男の人たちは、みんなごく気楽で楽しい友だちであり、私がなれなれしくしたり、進んで心を開くとはどんなことだったのかを思い出させてくれる、そんなつきあいだった。でもそんなカジュアルなつきあい方をしていても、また、ときにはばかげていて無益なことをしているようであっても（そう、私はジムでデートをしていたの！）、心のどこかで全神経を注ぎ、真のパートナー候補を探していた。

私は、彼が私の背後に立って腕を回して私を抱き、うなじにキスをする様子を想像した。彼が日増しに近づいていると想像することは、まるでその姿を目の当たりにしているような感覚だった。私はなんの疑いもなく信じていたので、彼が到着したとき、どのようにして見分ければいいのか、ほんとうに真剣に考えた。だから、私は先手を打つことにしたのだ。

翌日、親友のアリエール・フォードと、彼女の夫、ブライアンが〝ソウルメイト・キット〟を送ってくれた（アリエールとブライアン夫妻は、私が前夫と別れて以来、私を元気づけるCDを送ってくれたり、定期的に電話をしてくれたりして、まるで〝チーム・リンダ〟だった）。そこにはソウルメイトを自分に引き寄せるための強力な〝トレジャー・マップ〟（宝の地図）をつくる詳細な方法も書かれていた。

何年か前に、いくつかトレジャー・マップをつくったことはあった。その一つは、私がずっと欲しいと思っていた家を実現するためのトレジャー・マップだった（結果、描いた家に酷似する家を実際に手に入れた）。そして、もう一つは私のライターとしての仕事のことだった（これもまた、際立った成果を得た）。

あのときは一心不乱になって、雑誌を読み、はさみで何百という文字や絵柄を切り取って、次回に備えて箱の中に入れておいた。そう、あの箱を見つけ出さなければ！

……あった！　クローゼットに仕舞い込まれていた。

彼が私の人生の中にいることとは、いったいどんなことなのか、そのイメージをもっと明確にしたくて、期待が膨らみ、心がはやっていた。私はキャンバスを赤く塗り、いちばんぴったりと合う言葉を求めて何時間も雑誌を繰ってみたり、前回の切り抜きからその言葉を探したりした。この地図を芸術品に仕上げるつもりだった――とてもシンプルで美しい芸術作品に。

ここには、私が感じたい気持ちを表す言葉やイメージだけを入れるだけだ。たとえば、「至福」「ほんもの」「責任」「最善を尽くす人」「ハンサム」、そして「同じように考える」「大きな心」など……。

その後、箱の中を探しているとき、私は不思議なものを見つけた。それは青色の地に白く、大きな文字で、「クリス」と書かれた切り抜きだった。私が、自分と前の夫の名前しか切り抜いていないのは確かだった。どこから紛れ込んできたのか、わからなかった。

これはどうしたのだろう？　ほんとうに変な出来事だった。と言うのも、私はその前の週に、クリスという男性とすばらしいデートをしたばっかりだったから。しかし、彼は今、仕事の変わり目で多忙であり、次のデートの約束はしていなかった。私は彼からの電話を心待ちにしていたが、もはや諦めるようになっていた。この切り抜きは、なんらかの兆しか？　そうであってほしい。

彼は、私がそのころデートした男の人の中でいちばん惹かれた人だった（いえ、正直に言うと、私がこれまで出会った人、見かけた人の中で、いちばん魅力を感じた人だった）。

私がクリスという名前を彼に出会う7年も前に切り抜いていた事実が、それから数時間も私を悩ませた。その切り抜きはほかの切り抜きの文字よりもかなり大きかった。そして、ついに私は自分自身のソウルメイトのトレジャー・マップを食卓でつくり始め、数日をかけて、さまざまな工夫をし、〝完成品〟へと近づけた。

ある火曜日の午後、私はそのトレジャー・マップを2階のベッドルームに持っていき、壁に釘を打ち、掛けた。そして、その地図が私の理想の男性を自分のところへ引き寄せてくれることを願って、地図の中のイメージに指先で触れながら、短く祈った。そして、地図の中で生まれる魔法を信じ、今度はそのイメージを宇宙に発信した。

その夜、クリスが突然電話をかけてきた。その日の仕事でストレスがたまり、頭痛もするが、今からドライブで気分転換をしようと思う、と言った。夜もだいぶ更けており、車で40分もかかるところに住んでいることを気にも留めず、「それじゃ、私のうちまで来ればー!」と、彼を誘った。

クリスは私の家にやってきて、私はあり合わせだったがご馳走を振る舞った。その後、私たちはすっかり意気投合し、深く愛し合うようになり、私とハンサムな彼はそれ以来離れられない間柄となった。私はもう数週間で離婚の手続きが完了することになっており、一緒に生活をしようかという話題も、クリスとの間でしばしば上るようになった。

それから2、3週間後、彼がトレジャー・マップを見ているとき、ちょっと心配だったが、彼の名前の切り抜きが箱の中に入っていたことを話した。すると、「じゃあ、その切り抜きを地図の上に貼りつけたら？」とクリスが提案した。

「本気で言うの？　それは一歩踏みだすことになるのよ」と、私は笑いながら答えた。翌日、私はその名前の切り抜きを彼に見せてこう言った。

「どこに貼ればいいのかしら？」

すると、彼は私のトレジャー・マップを眺めながら、私が地図上で〝結婚〟の場所として確保しておいたところに貼りつけるように提案した。

私は彼が冗談を言っていないかどうか確かめるように彼の顔を見たが、彼は笑みを浮かべてもう一度その場所に貼るように言った。私はそのとおりに貼りつけた。幸せを感じながら……。

……最初の結婚が悲しい結末となったリンダは、それ以降、自分の古い考え方――「私は結局ほんとうの愛を得られない」という諦めに陥ることもあり得ました。でも結局、彼女はそうならず、悪いことが起きるにはそれなりの理由があるからだと考えました。**つまり、近づいてくる〝いいこと〟のために、悪いことが場所を空けているのだ、と考えたので**

す。

ここで私は、あなたが自分自身や他人、そして世間に対して抱いている古い考え方や自分の可能性を制限してしまう考え方を解き放ってくれるフィーリングゼーションの手法を紹介します。自分の欲する愛を自分のところへ引き寄せることを邪魔しているのは、実は、これらの考え方かもしれません。

古い考え方を捨て去るフィーリングゼーション

まず、あなたにとってもっともロマンチックではなかった、いやな人との出会いを思い出すことから始めます。ほんとうに不親切で、あなたを愛してはくれなかった人、あなたが忘れたい人、あなたをとても傷つけた人、あなたの信頼を裏切った人、あなたを自分の殻に閉じこめてしまった人……そんな人のことを思い浮かべてください。

次に、これらの人たちが自分の前に、今、立ちはだかっていると想像してください。そして、彼らが過去においてあなたに与えた苦痛を、もう一度感じてください。

続いて自分自身に問いかけてください。なぜこのような人たちの振る舞いに耐えてきたのだろうか？　自分は幸せになれないと思い込んでいたのか？　自分にはもっと幸せになる権利はないと信じていたのだろうか？

さて、今度は深呼吸をして、次のように自分に聞いてください。

「私は、過去に抱いた古い考え方を捨て去ることができるのか？」

……もし自分がほんとうに古い考え方を捨て去ることができるなら、次の作業へ進んでください。

まず、過去に経験したすべての苦しみ、抱いた考え方、限界や制約などの記憶を、頭の中で集めます。そして、それぞれの記憶を過去に関係があった人で今もあなたが忘れられない人に重ねます。そう、かつてあなたが愛したそれらの人に、過去に味わったすべてのつらい気持ちを重ねて投げ捨てるのです。そうすることによって、どんな気持ちになるのか、少し時間を割いて、感じ取ってみてください。

さあ、今度は塗装用スプレー缶のようなものを自分の手に持っていると想像してください。あなたはそのスプレーを過去に愛した人たちに向けています。そして、次の一瞬、ボタンを押し、噴射させます。すると、過去の人たちは、あなたの苦痛の感情と一緒に大きなゴムの泡の中で固まり、押し込められます。

そのスプレーを使って、あなたのあらゆる否定的な思い出、経験、考え方を一つの泡の中に閉じ込める気分のよさを想像し、味わってください。それらの嫌な思い出はもうあなたから取り除かれ、分離されています。大きく息をして、過去の嫌な思い出は、もはや解き放されたと想像してください。気分が楽になります。

さて、今度は自分の左手に大きくて鋭い針を持っていると想像してください。そう、私が次に指示することを想像し、あなたは顔をほころばせていることでしょう。そうです、準備ができたらその大きな泡に針を刺して、破裂させ、泡が消滅する瞬間をよく見てください。

過去の嫌な人たちは、あなたの意識から今はもう消えてしまいました……。そうです、彼らと一緒に、過去の苦しい感情も、過去に信じたこと、そして経験も、一瞬に消滅したのです。もう、過去のつらい荷物を背負ってはいません。自由な気分、新しい可能性、安堵感を満喫してください。

次に、大きく息を吸って、次の質問に対する自分の答えをよく考えてみてください。
①理想のソウルメイトを引き寄せるため、自分を信じますか？

②自分が魅力的だと感じますか？
③自分が愛されて当然だと思いますか？
④相手から見て魅惑的な結婚相手だと思いますか？

自分にはパートナーがこの世に存在していることを心の底から信じてください。自分の願望はかなえられ、自分が愛を与え、愛を受け取ることは可能であると信じてください。今はまだ私の言っていることが信じられないかもしれませんね。しかし、あなたの求めている人が、今、あなたのほうに引き寄せられていること、そして、あなたはやがてそれに気づく可能性が日増しに強くなっています。

さて、ここで自分のすべての資質について考えてみましょう。もし自分の資質を忘れているなら、次のことを思い出してください。自分がパートナーに与え、分かち合うのは愛であり、親切心と心の温かさであり、そのほかすべての資質である、ということを。

そして、次の言葉を７回復唱し、心の奥まで染み込ませてください。

「私は愛され、大事にされ、敬愛されるように生まれついている」

自分のソウルメイトの現れ方をどうこうすることはできません。しかし、ソウルメイトの愛を受けいれるために、用意を周到にして、自分の心は快く開いておかなければなりません。

たとえば、空気や水がなぜ存在するようになったのかはわかりませんが、あなたはそれらが存在していることには微塵《みじん》も疑いを持っていませんね。空気と水は、人間にとって、神聖な恵みであることをよく知っています。過去において、あなたがどんな過ちを犯したかにかかわらず、あなたは毎朝目を覚ますと空気や水の恩恵を受けます。

愛についてもまったく同じなのです。愛もそこに存在しています。つねにあなたのために、存在しているのです。自分が愛であることを思い起こしてください。一度あなたがその愛に気づくと、宇宙(つまり、神さま)はもっとたくさんの愛を与えてくれます。言い換えると、あなたは何もすることがなく、たった一つ道があるのみです。

それは、あなたが愛を施す人間になる道です。自分が愛を施す価値があり、献身的な関係を結ぶことができるということを、どうか悟ってください。そして、あなたの愛する人が来るのを楽しみにしてください。

自分のソウルメイトが存在していること、自分は相手にふさわしい人物であること、そして全能の宇宙が二人の出会いを周到にお膳立てしてくれていること――そう信じることは、次のステップに進むための基本です。そう、自分および自分の人生にとって、愛に満たされたそんな生活が、待っています。

「トレジャー・マップ」（宝の地図）をつくってみよう

トレジャー・マップをつくることは、何かをマニフェストしたいときの強力な道具になります。なぜなら、その地図は自分のハートが経験したがっていることを直感的に、そして客観的に明らかにしてくれるからです。

トレジャー・マップに描いてみると、視覚的に自分がどのように人生をつくろうとしているのか、自覚させてくれます。これまで何年もの間、私はたくさんのトレジャー・マップをつくりました。自分が描いたそれらのイメージや考えが、実際にたくさんマニフェストされていますが、それらはうまく説明できないほど不思議な経験でした。

ブライアンと私が9カ月以内にもっと接近することになるだろうと、私たちがわかってから、私はトレジャー・マップをつくりました。そのトレジャー・マップには海の見える、とても眺めのよい窓を描きました。そして、やがて二人が家を探す段階になって、二人が初めて見に行った家の主寝室には、そんなオーシャンビューのある窓、私が描いた同じカーペット、同じ木枠の窓がありました。**そうです、これがトレジャー・マップの力なのです。**

あなたがトレジャー・マップをつくるとき、ソウルメイトを引き寄せることにすべてを集中させてもいいですし、また次のように4つの分野を設定してもよいでしょう。

①愛と恋愛関係
②健康とその維持
③仕事とお金
④達成したい目標や夢

実際にトレジャー・マップをつくるには、次のような材料が必要です。

①大きめのポスター用画板、あるいは発泡スチロールの板
②自分の嗜好や関心事が記載されている数冊の雑誌
③糊とはさみ

④作業に没頭できる時間（数時間）

さて、まずは雑誌をめくって、写真やイラスト、言葉など、気に入ったものを切り抜いてください。どの言葉やイラストを選ぼうかと、あまり深くは考えず、いいと思ったものを直感的に選択してください。

大事なことは、仲のよさそうなカップルの写真、あるいは図柄を少なくとも1組は入れること。たとえば、二人の人が浜辺を手に手を取って歩いている、そんなシンプルな図柄で十分です。

また、そんなイラストや写真などを選んでいるときは、それらを見て、自分の内心でも絵柄に対する感情が生じています。ですので、自分の好みの顔かたちよりも、自分の感情を伝えてくれるものを選んでください。つまり、愛、恋愛、交際、そして喜びなどといったイメージです。もし、ソウルメイトとの結婚を望んでいるなら、婚約・結婚指輪、ウエディングケーキなど、結婚や婚約のシンボルを加えてもいいでしょう。

また、幸せそうな自分の顔写真を貼り、その周囲に「私は自分の愛を見つける」という意志が表れている言葉を貼ります。このトレジャー・マップによって、あなたは愛され、大切にされ、敬愛されているのだということをしっかりと確認してください。

このようなトレジャー・マップを使った人たちが、信じられないような経験をしたことを私は聞いています。そんな事例のうわべだけを聞いただけでは、まるで信じられないか、あるいはそんなことが起これば奇跡だと思うでしょう。

ところがトレジャー・マップは、あなたにとって大切な、あるいはあなたが普段は考えることもない「パートナーに求める性格」などといった潜在意識を明らかにしてくれます。トレジャー・マップを毎日眺めていると、自分の中に潜んでいる価値にも気づかせてくれるのです。

次に挙げるお話は、私の男性の友人、ケン・フォスターのそんな例です。

トレジャー・マップで最愛の妻を引き寄せた男性

かなり前のことですが、私と彼女は（傍目《はため》から見れば……）なかなかいい関係でした。友だちからは、いつも理想的なカップルだと思われていました。しかし、実際は、二人の関係は冷えきっており、おたがいに支え合うどころか、相手の欠点をあげつらい合っているような状態でした。

そして、毎日は深刻なドラマの連続でした。私は、自分がもっとよい夫婦関係——私の魂を育み、精神を活気づけてくれる、そんな生活であってもよいはずだ、と考えましたが、そのときは、行き詰まり、落ち込んでいました。

そんな状態から抜け出したいと思っていましたが、しかし、同じような関係に陥り、ふたたび逃げ出すはめになることを恐れました。でも、もっとよい相手を見つけたいと思っていたのです。

ちょうどそのころでした。私は一人の女性の先生と一緒に働くようになりましたが、先生は自分の心の力を活用すればなんでも手に入れることができる、と請け合ってくれたのです。

先生は、もし私が新しい相手といい関係になりたいのなら、この宇宙についての自分の基本的な考え方をいくつか変える必要がある、と教えてくれました。先生が言うには、私の心の内部に描いているどんなことでも、「引き寄せの法則」と呼ばれるものによって必ず外に現れてくるのだそうです。

私のやるべきことは、「自分が望んでいる相手との関係はどんなものであるのかを明確にして、そんな相手が必ず自分の目の前に現れることを、しっかりと信じることだ」と先生は言います。私は多少、懐疑的に先生の話を聞きました。しかし、変化を待ち望んできたため、やってみることにしたのです。

私は自分の人生で実現したいことを視覚的に確認できるように、トレジャー・マップ用の板に、自分の夢を貼りつけました。もちろん、やがては結婚する相手となる女性のイメージも描こうとし、雑誌のページをめくりました。

すると、一人のブルネット（褐色の髪）の女性に私の目が留まりました。彼女は熱帯地方の風景の中で、椅子に座り、髪を背後にそよがせていました。その背景では、アクアブルーの水が彼女の頭の上を流れていました。目を微《かす》かに開いた彼女の微笑みから、彼女のエクスタシーが表現されていました。この写真を見ていて、私はまるで自分のソウルメイトの姿を実際に見ているような気になり、彼女が美しくて、とてもスピリチュアルで、健康的で、そして相手を慈しみ、親切で、愛情にあふれていて、とても誠意のある人物のように思ったのです。

私は自分の夢を実現するボードをつくった結果、私には自分の次のパートナーとなるべき人の性格や振る舞いがはっきりと浮かんできました。ただ、そんなソウルメイトが目の前に現れるようにするには、私が自分の心の中でどんなことを思えばいいのか、それが十分にはわかっていませんでした。

ところがある日、私がトレジャー・マップを前にして黙考していると、おとなしい小さな声が私の心の中から聞こえてきました。それはこう言ったのです――。

「確かさを持って、生きるように」

当初、何を言っているのか、その意味がわかりませんでした。でも、やがてその意味がわかるようになりました。私はこれまでの人生では、たくさんの不信感を持って生きてきました。たとえば、自分にふさわしいパートナーに気に入ってもらえるだろうか、という自己不信。また、自分は愛を提供することができるのだろうか、自分はスピリチュアルな道を歩んでいるのだろうか、結婚を継続することができるのだろうか、そして、あの夢のボードはほんとうに効くのだろうか、という不信感、不信感、不信感……。

私にはそのようなたくさんの不信感がありましたが、ある日、それらの不信感が、自分が困った状態に陥っている原因であろうと思い至ったのです。私が引き寄せたいと思っている女性は、自分の心の内で荒《すさ》むに任せるような不信感には似つかわしくはなかったのです。

そう考えた瞬間から、私は「不信感を抱いたままの人生はもうやめよう」と決心しました。そして、できる限り努力して、自分の考え方を改めました。自分の強さ、そして能力について一生懸命考え、強く自覚し、自分の内部から湧いてくる衝動を信じて、「確かさ」

を自分の生きるよりどころにすることにしたのです。

そう決心してから1週間もしないうちに、ジュディの姿が私に〝見えて〟きました。〝見えて〟きたというのは、実は、彼女と私は数年前に出会っていたからです。私の先生がランチに連れて行ってくれたときに、ジュディと初めて会っていたのです。その後数年間は、私たちは友人同士でしたが、私の目はあまりにもたくさんの不信感と不確かさで曇っており、彼女のほんとうの姿が見えていなかったのです。デートをするようになって1カ月を経たころ、私はジュディに結婚を申し込みました。

新婚旅行でハワイのカウアイ島へ行ったときのことでした。ホテルのプールで泳いでいると、岩からアクアマリーンの滝が流れ出ているのに気づきました。私はジュディにその流れ出ている滝の下で、写真を撮りたいので頭を傾けるように言いました。するとそのとき、私は宇宙の魔法を垣間見たのです。

でき上がった写真を見て、言葉を失いました。あの日私が撮った写真は、例のトレジャー・マップにあったイメージそのものだったのです。長いブルネットの髪を背景の滝の水になびかせ、うっとりした水着姿の女性は、私をあれほどまでに魅了した写真の人そのものでした。

でも、もう夢ではなく、私の妻なのです。現在私たちは、みんなに夢のような人生だと羨ましがられる生活をサンディエゴで送っています。結婚して9年が経ちましたが、時の経過とともに、ますます幸せを感じています。

……いったん自分のトレジャー・マップを完成させたら、自分が毎日見られるところに保管するようにしてください。しかし、ほかの人が来たときは、見られないようにベッドの下やクローゼットなどに仕舞っておきましょう。

あなたは自分の夢や約束を実現するにあたって、誰かの意見を聞くことや、エネルギーをもらう必要はありません。あなたのトレジャー・マップはあなただけのものです。私の場合、トレジャー・マップは祭壇のようにして置き、蠟燭、生花、スピリチュアル・アイコンで飾っています。

あるいは、自分が何を与え、そして何を受け取るべきなのかをいつも考えていられるように、自分の部屋の中のある場所を〝リレーションシップ・コーナー〟に決めて、ボードを置くことにしてもいいでしょう（詳細は3章で説明します）。

そしてどうか、次のことは肝に銘じてください。

自分のハート（心）およびマインド（精神）のいちばんの深層において「これがほんとう

の自分」と信じることは、外の世界を経て、やがて自分に限りなく反映されるという点です。

これはとてもいいことなのです！　なぜなら、たとえば自分はお金とはあまり縁がないことや、日々の仕事もあまりたくさんないとわかっても、あなたの内部に限界はなく、また秘めた能力を測る指標もないからです。

あなたは生まれながらに魅力的なのです。そして、あなたがハート（心）やマインド（精神）の底から自分の魅力を信じられれば、自分の魅力が自分の周囲で見えてきます。

さあ、今、あなたが自分の愛する人に見てもらいたいとおりに自分を見るときです。あなたの愛する人に自分をもてなしてもらいたいとおりに、自分をもてなすときになりました。そんな愛に対して準備ができたら、次はいよいよ、ほんとうの愛を探し求めましょう。

3章　ソウルメイトを迎える「準備」をする

愛する人を迎える「準備」はできていますか？

私は自分のソウルメイトのイメージをマニフェストしようとして準備していたころ、ジェレマイア・アブラムに出会いました。彼はユング心理学を学んだ心理療法士であり、カリフォルニア州にあるマウント・ビジョン・インスティチュートの創立者でした。

ジェレマイアは穏やかに私をリードし、私がこれまでに認めたくはなかった私自身を見つめさせました。私が無意識につくっていた防御壁によって、愛が妨げられていることもあからさまにしてくれました。

私は彼のサポートがあって自分のソウルメイトと出会えるようになったのですが、彼がいちばん力になってくれたことは、私が理想としていた愛のかたちが生まれて大きく育つことができるようなスペースをつくってくれたことです。

彼は、言葉と態度でこう示しました。

「私は、ソウルメイトを見つけるというあなたの夢の実現を信じます。だから、あなたの夢は、私の夢でもあるようにします」

こうして私たち二人は、私が自分のソウルメイトにいずれの段階で出会ってもいいように準備をしておく、という私の目標を掲げました。次いで実施したことは、すべてがこの目標に沿ったものでした。**「自分は終生のパートナーを見つける」と、目標をはっきりしておけば、ものすごい力が得られるものです**。

まず、その準備について、具体的な例で考えてみましょう。新しい町へ引っ越すという目的を持っていた場合、あなたが実際に移ることができるまでは、数カ月、あるいは数年の準備期間があるかもしれません。自分がどんなところで働き、生活したいのか、どんな生き方を送りたいのか、心に描くことが必要です。

引き出しやクローゼット、あるいは書類をきれいに整理し、新しい状態で新生活を始めたいと思っているかもしれません。自分のソウルメイトと出会うには、同じことが言えます。あなたが、感情的に、また身体的に、そして心理的に自分の生活において、スペース、つまり余裕を持つことは、ぜったい不可欠なことなのです。

さらに、ソウルメイトの差し迫った到来のために、用意周到にしておくことが大切です。なんの手も打っていないことは、到底許されないのです。つまり、私たちが早く、そして完全に古いものを片づければ、それだけ早く、そしてそれだけ容易に、新しいものを迎え入れることができるというわけです。

ちょうど庭で新しい花の種を蒔く前に、土を耕して準備するように、新しい愛を迎えるときにはまず、自分の心、体、そして精神という庭に生えている雑草を取り除いておかなければなりません。

もしかしてあなたは、「準備ができている」、あるいは「もう何年も前から準備をしている」と言い張るかもしれません。**しかし私は、あなたの今の人生という舞台において、あなたがいちばん望んでいることの実現を妨げ、道をそらし、あるいは抵抗している場所がなお存在しているかもしれない、と思っています**。

ですので、この章の目的は、あなたがそれらの場所を探り出して、やさしく緩やかに、そして前向きに考えつつ、それらを除外し、あなたが愛する人を迎える準備を手助けすることです。

では、次の質問をよく考えて、正直に答えてください。そして、必要なアクションをとって前に進んでいってください。

4つの質問でソウルメイトが見つからない原因がわかる

①私には今も愛している人がいるか?

この答えがイエスなら、次の質問を考えてください。その人が自分のソウルメイトではないと自覚している場合、あるいは、その人とはほんとうに愛し合ってはいない、結婚を約束したといった関係ではない場合、あなたは、快くその人のことを解き放してしまうまで、いくらでも時間をかけることができますか？

ただ、その相手を愛することをやめなければならない、ということではありません。あなたには自分の心の中に、二人で育んだその愛を収める場所があればいいのです。

私が自分の心の様子を描いてみると、それは大きくて、愛情に満ち、柔軟で適応力があり、神聖なスペースであって、自分の胸の中にきっちりと収まります。また、万物を包み込めるほど広がる場所として映っています。私の心には、今私が愛している人、そして関係のある人のためのスペースがあります。

さらに、私がかつて愛した人で、今ではもうその人に時間、エネルギーを費やしていないか、あるいは関心を向けていない人のためのスペースもあります。

あなたの心にも、すぐにもう一度愛を取り戻したいと思うかつて愛した人のスペースがあります。他人はよく「そんな人のことは忘れれば？」と言いますが、それは無理でしょう。**愛した人へのほんとうの気持ちを抑圧するところから、苦しみが生まれています。**ですから、その人への愛を持ち続けてください。しかし、その人と一緒になりたいと恋焦がれる状態に陥ることは避けなければなりません。

かつての人への想いがよみがえってきた場合、素直にその想いを認め、自分の心の中にある愛の部屋へと静かに導いていってください。そして、次には自分の意識を今のこの瞬間へ戻すのです。

もし自分にかなえられていない何かに継続してとらわれ、何かを願望し続けているなら、それは自分の感情の持ち方の問題となります。この問題の対処法は、心理療法など、たくさんあります。たとえばＥＭＤＲ（Eye Movement Desensitization and Reprocessing 眼球運動による脱感作と再処理）、催眠療法、セドナ・メソッドなどですが、これらの療法はすべて、トレーニングによってあなたが喪失感や苦痛を解放するように手助けしてくれます。

もし必要なら、どうか費用と時間を惜しまず、専門的な治療を受けてください。私も実際これらの療法やワークショップを経験し、驚くほどの効果を得ています。**あなたが過去20年間も解決しようと努力してきたような、同じ悩みでも効果が出ます。**自分の心を閉ざしてきた問題の一つ一つが解決されるとき、自分の抑圧されてきた力を再び発揮させ、自分の人生に価値あるスペースを生じさせてくれます。

②今でも腹が立つ人や、裏切られたと思っている人はいるか？

あなたは気づいていないかもしれませんが、誰かに腹を立てていることは、ちょうど誰かを慕っていることと同様に、あなたをとらえ、縛りつけています。立腹していることと、恋焦がれることは、現在に焦点を当てるよりも、あなたを過去に固定しておくフックのようなものです。私たちが新しい愛を迎える前に、心の古傷や怒りを解き放してしまわなければなりません。次のような作業をすればそれはかなえられます。

まず、次のようなものを準備してください。

・紙を数枚と筆記具
・座り心地のよい椅子
・専心できる15～30分の時間

さて、始めるには、あなたがかつて愛した人でまだ忘れていないと思う人や憤慨している人、怨恨を抱いている人のリストをつくってください。

次に、**その人たち全部に対して、自分が今も何について憤慨しているのか、あるいは、**

期待とは異なる結果となったことについて、詳細に手紙に書いてください。その手紙は投函されることはありませんので、どうか、包み隠さず書いてください。そして、それぞれの状況を解決するためには自分に何が必要なのかを、その手紙の中から、あるいは自分自身の気持ちから探り出してください。

いったんこの作業を終えると、あなたの気分はきっと落ち着き、破局に至ったつきあいの中で、自分が演じた役割を見つめられるようになっているはずです。そして、自分が後悔していることについても謝りたいという気持ちになっているはずです。

あなたが前に愛したそれぞれの人について手紙を書き終えたら、再び手紙を書いてください——**ただし、今度はそれらの過去の人からあなたへ、過去の人の見方で書きます。**これはむずかしそうに思えるかもしれませんが、それほどではありません。

書き終わったら、あなたの自宅で彼らが座ったところを選び、自分の目の前にその人が座っていると想像してください。そして、自分の体をその人が座っているところへ動かします。その人が見ていたものを自分で見、感じたことを感じてください。

今度はその人がボールペンを持って紙にあなたとの関係を書いている様子を想像してください。その手紙を書き終えたら、大きな声で自分に読み聞かせ、その人の敵意や憤慨の気持ちが自分に伝わってくるようにします。

この過去を解放する仕方は、6章でもっと具体的に説明します。この手法を使えば、あなたの気分は軽くなり、心に余裕が広がってきます。

③私の人生に、ほかの人を受けいれる余裕があるか？

ここで、次のことを正直に考えてみましょう。あなたは、とても深い愛と全霊を注ぐ結びつきのために、あなたの時間とエネルギーを費やすことがほんとうにできますか？　あなたに今時間がない場合、いつならその心構えができるのですか？

もしこの質問に即答できないのなら、次の問題をやってみてください。

まず、1分間ほど目を閉じて、自分が映画館で、大きくて、真っ暗なスクリーンを前にして座っている状態を想像してください。そして、真っ暗なスクリーンに向かい、大きくて赤い文字で、あなたが前述の心構えができる年、月を投影してください。その年と月が浮かんできたら、すばらしいことです。

しかし、**もし何も投影されないようであるなら、あなたの準備ができるまでもう少し時間をかけて、どんな恋愛関係、約束、あるいは課題が必要なのか、考えてみることをお勧めします**。「プロローグ」で紹介した私の友人のマーシー・シャイモフのように、あなたも自分のソウルメイトをマニフェストするようになるには、大きくて、かつ重要な課題があることに気づくことと思います。

④私は外見上も準備ができているか?

私は書籍の広報・宣伝を担当するパブリシストとして働いていますが、新しいお客さんがテレビ番組に出演するときには、どのような点に注意すべきかを必ずアドバイスしています。第一印象は大切であり、ヘアスタイルや服装はあなたを引き立たせてくれるものなのです。

以前、私のお客さん候補で、45歳の女性の博士に会ったことがありました。その博士は、まるで17歳のチアリーダーになりたいとでも思っているかのようでした。長い、ブロンドの髪を強く脱色し、短いスカートをはき、ピンクの口紅を塗った博士は、まったく自分の経歴とそぐわない装いでした。

そのような格好では、自分のキャリアとマッチしないため、読者は真剣に考えてはくれないだろうと説明しました。「立派に見えることが重要なのです」と、私はわかってもらおうと、できるだけやさしく説明をしました。しかし、結局、その女性はイメージアップよりも自分のミニスカートのほうにこだわったのでした。

自分の理想の男性あるいは女性が会社の重役である場合に、あなたのヘアに紫色のメッシュがあれば、そしておまけに、突拍子もないファッションなら、自分の人生の邪魔をしていることになります。服装では形だけではなく、その色も自分の気持ちや元気さに影響します。また、自分に対する他人からの感じ方にも影響します。

たとえば、真っ赤なスーツ姿の女性は、会社では映えるのでしょうが、どこかの社会事業のイベント会場では度が過ぎて、浮いてしまいます。自分の服装の色合い、布地の質感、スタイルなどで、何を伝えたいのか考えるといいでしょう。**好む、好まないにかかわらず、私たちは外見で次から次にさっさと判断されていくものです。**

ですから、どうか自分のためになるようにこれらを考え、自分が発信している言葉以外のメッセージにも慎重を期するようにしてください。今が自分のイメージとクローゼットを刷新する、またとないチャンスです。

あなたがもし5年間あるいは10年間もヘアスタイルや髪の色を変えていないなら、最新のヘアスタイルをいちばんよく研究していると評判のヘアサロンに行き、自分に似合うスタイルを検討してみてください。

結局は、こういうことです。はつらつとして見えるときは、私たち自身も元気なのです。

自分のことで気分がよければ、輝いて見え、自信にあふれています。**自分のソウルメイトをマニフェストするように準備することは、自分をいちばん美しく磨くことなのです。**

次のフィーリングゼーションは、あなたの心と人生に、新しい愛のためのスペースをつくってくれます。

新しい愛のスペースをつくるフィーリングゼーション

まずは楽な椅子に座り、想像することから始めましょう。自宅の駐車場への私道を、心の中で描いてください。もしマンションに住んでいてそんな私道がない場合は、自分が育った家や知人の家など、かつて行ったことのある小道のある家を選んでください。このエクササイズでは、それらの家を自宅だと想像することにします。

さて、あなたのかつての人――今なお愛していたり、あるいは憎しみを感じていたりする人が、車を駐車場への私道の中ほどで停車させました。かつてのその人が車を持っていなかった場合は、彼ならこんな車に乗っていただろうと想像してください。あなたはその車が私道の真ん中で停まっているのを眺めています。そして今度は、その車の横に立って、窓から、あるいはドアのすき間から、中をじっと見つめます。**そのときどんな気持ちを感じるのか気を配り、注意してください**。

あなたが車を見ていると、突然、これまであなたが見たこともないほど大きい、醜悪な形のレッカー車がこちらに向かってやってきます。その車の車輪の高さは、普通車のルーフまでもありそうな大きさです。最初その車が向かってきたとき、すぐに通り過ぎていくものと思っていました。しかし、気がつくと、そのレッカー車はあなたのかつての人の車のところにやってきて、背後につきました。そしてレッカー車からは運転手が降りてきて、大きなフックを下げて後ろのバンパーにつなげました。彼の車の後部が地面から吊り上げられ、レッカー車はエンジン音を高くして、彼の車を私道から引っ張っていきました。

さて、あなたはどんな気持ちになりましたか？

レッカー車が去った後、あなたのかつての人が駐車していた私道は汚れています。グリスやオイル、土があちこちに落ちており、ちらかり放題です。レッカー車があの車をどこへ持っていくのかと振り返ると、車は近所ではなく遠くへ運んでいくようでした。たぶん今ごろ、いちばん近い高速道路の入り口から北のほうへ向かっているのでしょう。

ですから、もしあなたが北アメリカ大陸の東海岸に住んでいるなら、かつての人の車は州際縦貫道のI－95号線を北上し、カナダの方向へ進んでいることでしょう。西海岸に住んでいる場合なら、同じくI－5号線をアラスカ方向に進んでいったに違いありません。そのほか、どの州に住んでいたとしても、いちばん近い高速道路から北極をめざして走り去るように想像してください。

このレッカー車は北上し、北極付近まで行き、スピードを徐々に上げ、ついには地上から離れ、飛び立ちました。空中をまるで飛行機が離陸したかのように飛んでいきます。雲の中を抜けて行きますが、運転手はパラシュートで無事に脱出しました。そして、私のかつての人の車を牽引したままのレッカー車は、もう、宇宙の果てへと向かっています。天の川を渡り、いくつかのブラックホールのそばを通り過ぎました。

あなたはレッカー車には乗っていません。あなたは自宅にいますが、レッカー車やかつての人の車は見えています。もはや宇宙の最果てまで行ったことがわかります。そして、あなたは突然、手のひらに何かを感じます。見ると、大きな赤いボタンのついた小さな箱が手のひらの上にのっています。

私が「GO！」と声をかけると、あなたはそのボタンを押し、車を何百万という断片に粉々にして吹き飛ばしてしまいます。さて、用意はできましたか？

1……2……3……「GO！」。

車とレッカー車は、幾兆もの粉になって、飛び散ってしまいました。それらはあまりにも小さいため、また、何兆光年とあまりにも遠くに行ったため見ることもできません。

そこで、満足感と安堵感を得て、あなたはもう一度自分の私道のかつての人の車が停まっていたところを見ます。すると、そこには、虐待やら怠慢、あるいは誇りやら油、グリスなどの汚れがたまっています。これは放置できない、とあなたは自覚し、勇気を奮い起こして、掃除を始めます。

あなたは私道の四隅に、背の高いたいまつを立てた様子を想像してください。その高さは大きなトーチのように、腰、あるいは肩の高さまでありますが、自分が好むように高く掲げてください。さあ、マッチかライターで四隅に立てたそのたいまつに火をつけましょう。

火をつけたその瞬間、数人の防火服を着た人たちが走ってやってきます。彼らは手に洗剤と掃除道具をもっており、私道の清掃を始めました。4本のたいまつは燃え続けています。防火服姿の清掃人たちは、大きなゴミをゴミ袋に収納します。

そして、彼らは今日の仕事を終えると、乗ってきたトラックに乗り込み、帰路につきました。たいまつは燃えたままです。**彼らはあなたの敷地のスペースにあった汚れを取り除き、過去の残滓《ざんし》をきれいにしました**。

これらのたいまつは、それから30日間燃え続けます。そして今日はその最初の日です。周りをよく見回してください。あなたは明日、同じ時間に、ここに来て、またこの私道を掃除するのですから。そして、あなたが自分の注意をその４本の燃えているたいまつに向けるや否や、掃除用のたわし、石鹸、新しいペンキ、アスファルトなど、あなたの私道をつくり替え、きれいにするために必要なものはなんでも携えて、防火服姿の人たちが現われます。

最終目的は、ここの私道を今まで見た中で、もっとも美しく、豪華な私道につくり替えることです。**あなたのソウルメイトを招き入れるための私道にするのです**。ソウルメイトが自分の車を早く入れたくて待ちきれない、と思うようにするのです。あなたは毎日やってきて、たいまつがどれほど下まで燃えてしまったかをチェックします。また、グリスの汚れは消えているかどうか調べますが、しかしそこは新しくて白い敷石になっていました。

あなたが見にくるたびに、ここをきれいに掃除し、植木や花を周りに植えたりします。そうすることで、あなたの愛する人のために、壮大な歓迎マットを敷いているのです。

このフィーリングゼーションが終わったら、新しい愛を迎える準備ができたことに確信を持っても大丈夫です。あなたの体と心の中のスペースは、汚れがなく、広々としています。あなたはもう自分の心の中に、新しい愛を受けいれるスペースを確保したのです！

「合コン」では決してソウルメイトには出会えない！

これまで検討したとおり、自分の生活にソウルメイトを迎え入れるためには、物理的および心情的なスペースが必要となります。そのスペースが彼を受けいれてその存在を確認し、つながりを強めてくれる場所だからです。

しかしそのほかに、もう一つのスペースが必要です。その心のスペースは、沈思黙考と瞑想から生まれてきます。

私はなんの疑問もなく断言できますが、私の知っている人のうち、**人生の伴侶を見つけるために「引き寄せの法則」を使ったほとんどの人は、その伴侶となるべき人とは混み合ったパーティや合コンなどでは出会っていません。**

彼らが自分のソウルメイトと出会ったのは、心が落ち着き、穏やかにしているときです。「準備」とは、単に作業を完成させているときとか、自分の容姿を流行の最先端で磨いているときとか、以前の恋人に「さようなら」を言った、ということではないのです。準備は、自分の内部に静けさを生じさせ、それによって直感でかすかなささやきを聴いたり、感じたりして、正しい行動をとるための手がかりとすることです。

自分の人生の中にスペースをつくり、愛する人を迎える準備ができた場合は、残る課題は、ソウルメイトを迎えるタイミングをどうするか、ということです。

そのタイミングは、自分でそのときを選ぶことをやめ、ことがゆっくりと運んでいくのを待つことです。

私は経験から、このタイミングがとても重要であることを学んでいます。タイミングを天に委ねるということは、私たちの手前勝手な時刻表にしがみついているのではなく、宇宙の摂理の時刻表に喜んで従うことを意味します。

タイミングと運命は、必然的に絡み合っていますので、それらの神聖な成り行きを私たちは信頼できるようになりたいものです。

作家、エリザベス・ギルバートは、著書『Eat, Pray, Love』(食べること、祈ること、愛すること)において、「運命」について次のように述べています。私は彼女の主張が大好きです。

「運命とは、天の恵みとわがままな自我の奮闘とが演じる劇である。人はその劇の半分を制御できないが、半分はその手中にあり、人の行為が目覚ましい成果を引き出す。

人はまったく天の操り人形だというわけでもなく、また自分の運命の司令官でもない。いくらかは、その操り人形であり、いくらかは司令官でもある。

我われは、サーカスの団員よろしく、横に並べた2頭の馬の上でバランスをとりながら、全速力で人生を疾走している。片脚は〝信頼〟という名前の馬の背に乗せ、もう一方の脚は〝自由意思〟という名の馬の背だ。

だが毎日問わなければならないのは、どっちの馬がなんという馬かということ。つまり、どちらかは自分の制御が利かない馬だから心配しても始まらない馬であり、どちらかは真剣に制御しなければならない馬である」

ソウルメイトをマニフェストするにあたっては、自分の「努力」と、「信頼」、そして「運命」という大きな要素がありました。**これら3つの組み合わせによって、あなたは恩恵を受けることになります。**

4章　「愛を呼び込む部屋」をつくる

ちょっとした心がけで、あなたの部屋がガラリ一変！

さて、今度はソウルメイトが初めてあなたの家の玄関から入ってくるときのことを考えてみましょう。

まず、初めてやってくるあなたの愛する人が目にする家の佇まい、聞こえてくる音、そして芳しい匂いがパートナーを迎える様子を想像してください。あなたとその人とが熱烈な恋をするためには、その前に、環境をどのように整えておくことが理想的な舞台となるのでしょうか？

ここで現在の自分の家の状態をチェックしてみましょう。**調べてみると、愛を迎え入れる家としては、浄化しておいたほうがよい場所が必ずいくつか見つかります。**

自分のソウルメイトをマニフェストする、つまり、どんな人なのかを明らかにする、という過程は、あなたが生活しているすべての局面で、そしてあなたの人生のすべてで、ソウルメイトを受けいれるスペースをつくる過程である、ということです。

このスペースには、当然ですが、あなたの生活する場所、つまり自宅も含めます。この4章においては、過去につきあっていた人との関係によって生じた、あなたの自宅に残っている否定的な、あるいは障害となるエネルギー、古い考え方や、自宅が中古住宅なら、前に住んでいた人の残滓を追放し、「あなたの家」として新たなスペースをつくる方法を検討してみましょう。

そして、いったんあなたの家からそれらの障害物がなくなり、整理され、きれいになったら、次には愛を引き寄せられるように、私が自分の家を浄化するために参考にした「風水」の極意を試してみてください。それをこれからご紹介していきます。

まず覚えておいていただきたいのは、私たちの家は、単に四方の壁と窓とドアでできた、雨露をしのぐ場所にすぎないのではない、ということです。「家」とは、理想的に言えば、避難場所であり、そこは私たちの感情と私たちの至高の価値観が反映されている神聖な場所なのです。

そんな家に歩を進めて入ったとき、家から受ける雰囲気や家に抱く気持ちは、その家の持っているエネルギーを表しています。目に映る光景、匂い、風情など、自分の感覚に訴えてくるものによって、私たちの抱く気持ちは影響を受けます。

でも、家にはさらに、もっと微かに訴えてくるものもあります。それは、ある一定の環境の中で受ける「よい感じ」とか、「嫌な感じ」といった、私たちが本能的に感じる、微妙な印象です。

たとえば、誰かが喧嘩をしていた部屋の中に後から入っていき、まるでナイフで切り取れるほど濃密な緊張感が立ち込めているのを感じ取ったとき、あなたはその部屋のムードに自分を順応させてしまうでしょう。それと同様、誰かの家に行って即座にくつろげる場合は、その家の特別な建築様式や装飾の印象からではなく、**その家が醸し出している微かなエネルギーのために、すぐさまくつろげるのです**。

そのような微かなエネルギーが存在することについては、私はとても小さい子どものときから感づいていました。たとえば2、3歳のころ、裏庭に寝ころんで、花だと勘違いした雑草が光を放ち、一本一本光のエネルギーが輝いているのを眺めたものです。また、いろいろな家に入っていったとき、そこはどんな家庭なのかを感じ取ったものでした。幸せそうなお宅、空気が張り詰めていた家庭、険悪なムード……など、さまざま。まるで私に手を差し伸べ、迎え入れているような家、秘密がいっぱいありそうな家、なども。

たぶん、それぞれの家はそれぞれの波動、つまり「印象」を与えていることに、あなたは――意識し、気に留めたかどうかは関係なく――お気づきになったことでしょう。あなたは、自分のソウルメイトを探そうと決めたのですから、自宅が醸し出すエネルギーについては、注意を払ってほしいものです。

自分の家が発信しているメッセージは、歓迎の雰囲気があふれ、すばらしいものであるようにしておいてください。たとえ新しい家やアパートに引っ越しても、自分の過去の否定的なエネルギー、前に住んでいた人のマイナスのエネルギーが残っていれば、せっかくの雰囲気は損なわれてしまいます。家には過去の人との軋轢《あつれき》や、何度も悲嘆にくれたときのこと、孤独や絶望感に苛《さいな》まれたときのことなど、すべてがその家にとどまっていて、負のエネルギーを出しています。

別の言葉で言うと、「自分の家は話しかけてくる」ということです。ですから、マイナスのエネルギーではなく、あなたの愛、情熱、抱負、達成したことが、家じゅうに放たれるようにしておきたいものです。自分のエネルギーが発揮できるようにしておくことによって、過去のしがらみは一切なしで、再び自分の新たな、パワフルな歳月を迎えることができます。

前章で話しましたが、何か新しいものを引きつける過程においては、そのためのスペースをつくっておくことが絶対に不可欠です。**特に、寝室やクローゼットの中にスペースをつくっておくことが大切です。**

たとえば、あなたのベッドのソウルメイトが寝るそばにはナイトスタンドを置き、その人がやってきたときにはその人の身の回り品を載せておけるように、きれいにして空けておくことをお勧めします。自分の寝室は二人がゆったりとできるよう十分に大きいほうがいいでしょう。

それと、もしあなたが離婚を経験して、前の人と過ごしたベッドを今も一人で使っているなら、これを機会に新しいベッド、そしてシーツも買い換えましょう。過去の人のことを思い出す物を捨てることや、その人のことをすべて忘れ去ること、あるいは自分の寝室やクローゼットに新しいソウルメイトのための空間をつくることに、もしあなたがまだ抵抗を感じている場合、それはあなたがまだ新しいソウルメイトとの生活を始める準備ができていないというサインかもしれません。

ですから、**少しでも抵抗感がある場合は、この機会にもっと強く、もっと気持ちを込めて、そうした障害物を取り除くことにしましょう。**

人生において、自分の身の回りのガラクタを片づけておくことは、新しいポジティブなエネルギーが自分のところにやってくることを増やす近道です。物を片づけ、スペースをつくっておくということは、自分の生活に誰かを受けいれることや、相手があなたの住環境の中でとても気持ちよく生活をし、究極的には寝室で一緒に過ごす準備ができたという、明確で、特別なメッセージを宇宙に対し発信していることなのです。

部屋の気をクリーニングする「スマッジング」

スペースをつくっておくという儀式は、世界中のあちこちで、いつでも日常的に行われていることです。自分の家のエネルギー、つまり「気」のエネルギーを清めることで、自分の家に沈滞している負の雰囲気を除去し、家全体に対する意識レベルを高めておくことができます。

そんなスペースをつくる方法はたくさんありますが、私のお気に入りは、**「スマッジング」**(燻《いぶ》し)という方法です。ネイティブ・アメリカンは、セージやヒマラヤスギの葉、ハルガヤ、ラベンダーなど、さまざまな葉や野草を燻し、ネガティブなエネルギーを浄化してきました。

現在、スマッジングはますます使われるようになりましたが、とてもシンプルで感じのよい手法です。近くにオーガニック食品を扱っているスーパーマーケットがあれば、行ってみてください。いろいろな材料が手に入ります。ちなみに私は、「カリフォルニア・セージ」がお気に入りです。

あるいは、スピリチュアル系の本や、パワーストーンなどを販売しているショップでも扱っています。もし可能であれば、ヒーラーや風水のコンサルタントに自宅まで出張してもらい、浄化をしてもらうこともできます。いずれの方法でもかまいません。自分にとって、いちばんやりやすい方法を選んでください。

それでは、スマッジングのやり方を紹介していきましょう。

まず、自分の家の窓という窓、ドアをすべて開け放ちます。できる限り、日光が家の中に差し込み、新鮮な空気が取り入れられるようにします。表玄関から始めるのが私の好みで、続いて順番に家の全体を浄化していきます。

このとき、儀式の意味とあなたの考えを、よく心にとどめながらやりましょう。ネイティブ・アメリカンの伝統では、通常、祈りを唱えながら家の中を浄化していきます。自分の好きな祈りを暗唱したり、こんな願いを念じてもよいでしょう。

「どうか、この部屋をきれいにしてください。私と愛する人のための、居心地のよい愛の巣にしてください」

決して、自分の目的を忘れないようにしてください。この儀式の目的は、いっさいの否定的エネルギーをパーソナルな空間から追い出し、あなたの支えになる、そして愛にあふれた、まっさらで新鮮な、前向きのエネルギーだけを招き入れるためです。

さて、さらに具体的に説明をしていきます。

まず、あなたの好きなハーブに火をつけ、アワビの貝の殻や、耐熱皿などに置きます（ハーブを持つ手には、オーブン用のミトンなどを使ってかまいません）。そして羽根を持ち、清めたい部屋の中や家具へ、扇いで煙をなびかせます。

部屋を清めているときは、ハーブを持った手をぐるぐると回しながら、部屋の中を歩き回ってください。自分の部屋に残っているすべてのマイナスのエネルギーをお祓いして、新しい愛が花開くようにします。**煙は、部屋の隅やドアの枠、クローゼットの中まで、すべてに行き届くように気をつけてください**。

もちろん、スマッジングでは火を使うわけですから、細心の注意を払うことをお忘れなく……。

セージの香りが好きではない場合、あるいは小さな家に住んでいて、それほど効かない換気扇しかついていない場合は、ほかにも部屋を清め、スペースをつくる方法があります。次の3つの方法です。

①好みの香りを使って、自分の家を浄化する方法です。3本の線香に火をつけて、すでに説明したように、部屋の隅々へと動き回り、煙を行きわたらせます。

②コップにきれいな水を入れ、好みの香水、あるいはエッセンシャルオイルを少し垂らして、家の中を歩き回ってください。さらにハンカチをコップの水に少し浸して、それをあたりにたっぷりと指で弾き飛ばしてください。

③古い、否定的なエネルギーを自宅から除去するために、水晶を赤かピンクのリボンで結び、部屋の隅に数個吊るしましょう。

自分の家をきれいに片づける方法に、正しい方法も、間違っている方法もありません。たった一つの基本は、**「愛があなたの家に向かってくることを妨げている、古くて否定的なエネルギーを、あなたの家から片づける」**という目的です。

さて、あなたの家から不用なガラクタや邪魔ものを一掃したら、次は風水の法則を応用して、生き生きした、魅力にあふれた、ポジティブなエネルギーのある家につくり替えていきましょう。

「バグア風水チャート」を使って、運が舞い込む部屋に!

風水は、周囲と調和のとれる環境をつくる、中国の〝芸術〟です。これまで4千年の間、世代から世代へと受け継がれてきた重みのある伝統で、今日ではさまざまな流派がありま す。たとえば、フォーム・スクール（土地の形状）、コンパス・スクール（場所・方角・位置）、ブラック・ハット・セクト（バグア・チャートを使い、入り口の向きから全体を見る）などが代表的です。

しかし、これらの流派の真髄をなすものは、みな同じ。つまり、**家の中によりポジティブなエネルギーを招き入れるためのテクニックなのです**。ここでは、私がソウルメイトを引き寄せるときにたいへん役に立った風水の法則を紹介します。ぜひ、これらの手法を実践して、自分の生活に役立ててみてください。

私が風水を信じるようになったのは、新しい街に引っ越した20年以上も前のことです。当時、私は風水の師匠であるルイス・オーデットに相談をしていました。どの部屋を私のオフィスとして使うべきか？　家具、鏡台、植物、絵、ベル、チャイムなどはどこに置くべきか？　彼のアドバイスを求めたのです。

新しい家に越してきて、彼のアドバイスどおりにして数カ月が経過したころ、私の仕事とお金の実入りが、うなぎのぼりになっていきました。

その後、私は風水の指導者で、著書も数冊著しているショーン・ミッチェルに出会いました。彼は、ルイスのアドバイスを検証してくれましたが、さらに、私が愛を引き寄せられるように、いくつかの法則を追加して応用するように教えてくれました。

こうして風水を実行し始めてから2年も経たないうちに、私は自分のソウルメイトと出会ったのです。私は風水がどのように作用したのか、自分でわかっているとは思いませんが、私に（そして私の友人のほとんどに）よい効果を及ぼしたことは確かです。そのため、私はソウルメイトを見つけるときには風水を応用することがよいと、固く信じるようになりました。

風水では、自宅の間取りや寝室は、自分の経験している生活の一部と対応すると考えられています。**家の中のそれぞれのエリアは、次の図のとおり「バグア」と呼ばれるチャートで描かれます。**エリアは全部で8つあり、それぞれ図のように対応しています。ここでは、「結婚・恋愛」のエリアについて、見ていきましょう。

最初にやるべきことは、自宅のどこが「結婚・恋愛」エリアなのかを見つけ出す作業です。私が使った風水の手順では、次のようにして見つけることができます。

まずは、自分の家に向かって、玄関のドアの前に立ち、バグアのチャートに対応する位置を確認してください。いちばん奥の右端が「結婚・恋愛」のエリアにあたります。

あなたの部屋をチェック！
「バグア風水チャート」

（下から時計回りに）仕事・キャリア　知恵・知識　家族・健康
富・繁栄　名声・評価　結婚・恋愛　子供・創造性　親友・旅行

次に、寝室に向かって、ドアの前に立ちます。右奥が同じく、「結婚・恋愛」のエリアです。

自分のこれからの努力や関心を、この「結婚・恋愛」のエリアに意識して集中していくとよいでしょう。次に紹介するのは、私がどのようにして、このエリアの「気」を強くすることができたか、その実際の例です。

①部屋の隅を、ピンク色の水晶で飾ること。できれば、ハート形の水晶がよいでしょう。その水晶をピンク、あるいは赤のリボンで結び、あなたの寝室の「結婚・恋愛」エリア、または近くの窓のそばに吊るしてください。

②白鳥や鶴（余談ですが、白鳥のつがいも鶴のつがいも、一生連れ添いますね）、イルカ、鳩など、動物のつがいの絵を心に描いてください。あるいは、愛する二人、または家族の姿でもかまいません。

③「結婚・恋愛」エリアには、赤、ピンクの蠟燭をたくさん飾ること。

④青々とした葉のある植物を部屋に置きましょう。特に、ハートの形をした葉の植物が効果的です

⑤部屋の隅には、風鈴を吊るしましょう。

⑥寝室の南側の壁に、絵画などの芸術作品を飾るのもよいでしょう。自分の中に愛の気持ちを起こさせ、愛のことに集中し、気分を高揚させてくれる作品を選んでください。

⑦生花は成長と拡大を象徴し、心をいつも広くオープンにしてくれます。しかし、ドライフラワーは避けたほうがよいでしょう。ドライフラワーは、消滅したエネルギーのシンボルだと考えられているからです。

あなたがソウルメイトを引き寄せるために風水を使う場合、あなたの家の中でもう一つ注目すべきエリアがあります。それは「親友・旅行」の方角、バグア・チャートでは、「結婚・恋愛」の下に位置しています。**風水では、このエリアの「気」の流れを強くすると自分の心が広がり、予期しなかった力に導かれたり、助けを差し伸べられたりすると教えられています。**

私の友人である、ギギの例を紹介しましょう。彼女はこの「気」の力を実際に体験しています。

「自分のソウルメイトにどうしても出会いたい」という願いを持っていたギギは、その出会いのため、自分にできることのすべてに努力を傾けていました。神に祈り、独身の人たちが集まるところへ出かけ、仕事が終わった後は、友人とちょっと飲み屋に立ち寄ってお酒を飲む機会を増やしたりしました。……しかし、すべてが無駄足でした。

ちょうどそのころ、ギギの友人のパトリシアが風水を学んでいて、ギギに「最近自分が身につけた風水の方法を、あなたの家で試してみてあげようか？」と尋ねました。ギギは、初めは乗り気ではありませんでしたが、でも、やってみることにしました。

パトリシアはギギの家の中を見て回り、ギギの恋愛運を強くすることができる場所をいくつも見つけました。

たとえば、「結婚・恋愛」エリアには、たくさんの植物が置いてありました。そこでパトリシアは、その植物を赤い植木鉢に植え替えるように勧めました（赤はたいへんいい色で、「愛」の色です）。そして植え替えた鉢を元の位置に戻すとき、自分に起きてほしいことを想像して、祈りを3回捧げるようにアドバイスしました。ギギは「そんな祈りは、ばかげている」と思ったようですが、結局、自分がウエディングドレスを着て、新しい伴侶にキスをしている姿を想像しながら、そのとおり実行してみました。

またパトリシアは、**ギギの家の「親友・旅行」エリアが薄暗く、がらんとしていることに気づきました**。パトリシアは、「〝親友〟とは、単にあなたにお金を与えてくれる人を指しているのではなく、なんらかの方法で――言葉をかけてくれたり、知恵を出してくれたり、あるいは特別な人を紹介してくれたりして――助けてくれる人のことよ」とギギに教えました。たくさんのソウルメイトが、親友、家族、同僚などに紹介されて知り合っていることから、このエリアをもっと役立たせるようにすべきだと、パトリシアはアドバイスしたのでした。

そして、もっと明るい照明をつけて、何か黒いものをこのエリアに置くようにと伝えました。その翌日、さっそくギギは大きなハロゲンランプ用の黒の燭台を買い求め、その夜にはお祈りを3回して、あちこちからさまざまな救いの手が差し伸べられることを念じながら、その燭台を「親友・旅行」エリアに設置しました。

いいですか？　その燭台を設置したのは金曜日のことだったのです。

すると、日曜日の夜になって、ギギの電話が鳴りました。電話は一緒に働いている女性からでした。ギギはその同僚のことは好きでしたが、ランチに行くときとか、勤め先の会議の席で一緒になること以上のつきあいはありませんでした。

彼女はギギに、「夫の友人のリックが最近離婚して、新しい人に出会うことを願っているの」という話をしました。なんでも彼女は夫と、自分たちの知っている女性の中で可能性のある女性をリストアップしていたのだそうです。**すると、まるでハロゲンランプが光り輝くように、ギギの名前が彼女の頭に浮かんだというのです。**

次の週末、4人は一緒に出かけました。それ以降、ギギとリックはずっとデートをしています。

運気がアップする寝室をつくる9つのポイント

風水では、寝室は、健康と色気をバランスよく育んでくれる場所とされています。寝室は、魅力的で気持ちを落ち着かせてくれるところ。つまり刺激的であって、同時に、穏やかなひと時を与えてくれる場所なのです。

さてこれから、あなたの寝室を楽しく、また、くつろげる場所につくり替える秘訣を紹介します。これはほとんどの専門家が賛同している秘訣です。

①理想的には、寝室を使う人に安全やプライバシー、また、安らぎの感覚を与えるために、家の奥にある部屋がよいでしょう。

②寝室には、子どもや家族の写真を飾らないこと。家族の誰かに、その部屋で起こっていることを見られたくはないでしょう。

③できれば、寝室を事務所として使わないこと。仕事のことを思い出させるものは、机、本棚、パソコン、あるいはフィットネス用の道具でも、すべて寝室から取り去りましょう。寝室は、睡眠、リラックス、ロマンス、愛の行為の場所であることを、しっかりと認識しておくべきです。気を散らされることが少なければ少ないほどよいのです。

④寝室にテレビを置くことは感心できません。どうしても必要で持ち込むなら、使っていないときは、キャビネットに入れるなり、布のカバーで覆ったりしておくことをお勧めします。

⑤寝室に飾る写真や絵を選ぶ際には、慎重に。自分のこれからの人生で、もっとたくさん経験したいことに関連する作品を選ぶこと。言い換えると、孤独や悲しいことを味わいたくないのなら、悲しいことや寂しさを表している写真や絵は寝室に持ち込まないこと。

⑥寝室には鏡を置かないように。鏡は居間では大いに役立ちますが、寝室ではあなたを眠らせず、興奮させると、風水では教えています。

⑦ベッドの下のスペースには、何も突っ込まないように。冬着や予備の毛布などは、別の保管場所を見つけ、ベッドの下のスペースは、新しいエネルギーが入ってくるように空けておくこと。

⑧寝室の窓はよく開けるようにして、新鮮な空気をいっぱい取り入れること。

⑨できるなら、ベッドは窓の下ではないほうがいいでしょう。また、ベッドの頭側を、バスルームの壁に寄せないように。ともに、縁起がよくない位置とされています。

「愛の祭壇」でソウルメイトを引き寄せる

自分の人生に愛を引き寄せる、とても効果的な方法がもう一つあります。それは、**私が「愛の祭壇」と呼んでいるものをつくることです。**私の友人のショーン・ミッチェルは、『Creating Home Sanctuaries with Feng Shui』(風水で自宅を聖域につくり替える方法)という著書で、これを次のように説明しています。

「祭壇は、まるで避雷針が稲妻を引き寄せるかのように、純粋な力を引き寄せるために使われてきた」

私がここで定義づけをしている「愛の祭壇」とは、「あなたの心の中に愛の感情を呼び起こし、ソウルメイトと見事に出会うという気持ちを呼び起こすための映像や、象徴を寄せ集めたもの」を指しています。

もし、あなたが子どもを欲しいと思っているなら、その祭壇には幸せそうな家族の写真や、多産を象徴するものを飾ってもいいでしょう。もし、旅行が大切であるなら、愛する人と一緒に訪ねたい旅行先の、異国情緒にあふれた写真を飾るといいでしょう。

私にとっては、蝶々がいつも創造性を象徴しています。創造性は、私がソウルメイトと一緒に経験したいといつも思っていることですので、自分の「愛の祭壇」には蝶々の写真を飾りました。また、聖なる愛を象徴するクリシュナとラーダの像と、インドの聖人、アンマ(彼女のことは8章で詳述します。私のソウルメイトが現れる過程で、決定的な役割を果たしてくれました)の写真を祭壇に置いています。

さて次に、その祭壇をどの程度のものにするのかを決めましょう。つまり、シンプルなものにするのか、あるいは凝ったものにするのか、居間などの共用エリアに置くのか、あるいはプライベートな寝室に置くのか……。

その判断は、次の4点を参考にしてください。ただし、結論を出すときには自分自身の創造性を発揮して、自分で決めることが大切です。

①先ほどの「バグア風水チャート」を使って、自分の家、あるいは寝室の「結婚・恋愛」エリアを探り出します。祭壇は静かで、あまり目立たない場所に設置するのがよいでしょう。

②空いているスペースに合うテーブルを選んで置きます。低いテーブルに、美しいテーブルクロスを掛けるとうまくいきます。

③祭壇は、本物の愛の感情を呼び起こしてくれる絵、求めている恋愛関係を表している写真、何かを表すシンボル、彫刻作品、彫像などで飾ります。ピンクや赤の蠟燭、または生花で飾ってもよいでしょう。

④2章で紹介したトレジャー・マップ（宝の地図）を額に入れて、祭壇の上部に吊るします。そうすれば、エネルギーは2倍の威力を発揮します！

あくまでも、楽しみながらやることが大切です。また、色や生地、写真、その他の品々などは、自分の心になじむものを使ってください。

この章で紹介したさまざまな提案——不用品を片づけ、家の中のエネルギーを清め、風水の法則を使って自分が住んでいる空間へ活力を吹き込むことなど——を実践すると、あなたの家が、清らかで、人を迎え入れやすく、愛を実らせるのにふさわしい、すてきな場所に生まれ変わります。**そこで毎日いくばくかの時間、静寂の中に身を浸し、自分の心が元気よくソウルメイトの心に触れている様子を思い浮かべてください。**

そろそろあなたは、自分の家を、〝やわらかに着地できる場所〟につくり替えたいという気持ちになっていることと思います。私の言う〝やわらかに着地できる場所〟とは、自分の家の物理的な環境と、自分の心の中の感情が宿る場所、両方を指しています。それは、他人との親密な関係を結ぶときにふさわしいところとして、私たちが究極的に追い求めている場所です。

あなたの〝やわらかに着地できる場所〟は、部屋の隅に置いた大きめのソファであったり、あるいは裏庭の木に吊るした二人用ハンモックであるかもしれませんね。そこをビッグ・ラブを引き寄せるために精神を集中する場所として、自分のソウルメイトのイメージ・リスト(詳しくは6章で)を読む場所として、あるいは、次に紹介する祈りを捧げる場所として使ってください。

この祈りを奉げるときは、静かで平和的な環境で、すでに満たされたことに対して感謝する気持ちを表しましょう。蠟燭をともして、大きく美しいベッドの上に寝そべってくつろぎ、自分の家、自分の人生、自分の心、そしてソウルメイトが〝やわらかに着地できる場所〟であることを感じ取ってください。大きな声で読み上げ、一語一語がさざ波のようにあなたの中に広がっていく様子を感じてください。

「自分のソウルメイトの姿が明らかになるための日々の祈り」

天にまします神さま、女神さま、
私の心を癒してくれたことを、私は感謝します。
私がソウルメイトを引き寄せることをやめさせず、
私を救ってくれたことを感謝します。
今、この瞬間、私の完璧なソウルメイトは、
私に引き寄せられていると、私は知っています。
今、私がすべきこと、それは私のソウルメイトの心がすでに
私の心と一緒になっていることを信じ、安心し、
ソウルメイトの現れる日を、楽しみに待つことです。

5章　「引き寄せの法則」を応用する

ソウルメイトが「すでにそばにいるかのように」生活する

『神との対話』という映画の中で、登場人物のニールは神にこう言います。

「私は、自分の人生を返してもらいたいのです」

これに対して、神はこう答えます。

「欲しいものが、なんでも手に入れられるわけではない」

続いて二人はひとしきり会話を続け、神はニールに向かって、「何かを（あるいは誰かを）〝欲する〟ことによって得られるものは、〝欲しい〟と思った経験と、〝もっと欲しい〟という感情だけである」と説明します。

どうか、誤解しないでください。私はあなたがソウルメイトと出会いたいと欲していることはよくわかっています。実際、あなたの〝欲しい〟と思うその気持ちが、願いを実現させる方向へと力強く動かすのです。

しかし、もし、神がニールに話したことが真実であるなら――つまり、欲することが、より多くの欲することをつくり出すというなら、自分の欲しいものを「どうやって手に入れたらよいのか？」という問題が生まれます。

この答えをもっと極端に言うと、「まるで、すでにそのような状態になっていると仮定して生きればいい」ということになります。「そのような」とは、実際の生活から歩み出て、真実であってほしいと願っている仮想の生活に一歩入り込むことです。つまり、**「自分のソウルメイトは存在して、すでに自分のものになっている」と信じて過ごすのです。**

この例では、ある有名な女優さんから、次のような話を聞いたことがあります（匿名にするように誓わされましたので、誰とは言えませんが……）。

彼女は誰かと人生を一緒に歩むことを決め、まるでその人がすでに自分の生活に入り込んでいるかのように生活し始めたというのです。パートナーが好む音楽を聴き、いつものTシャツとジャージのズボンではなく、美しいナイトガウンを着てベッドに入りました。毎朝、二人が一緒に目を覚まして一日を始め、夜の夕食は蠟燭をともしてテーブルに彼の座る場所をきちんとつくっていました。

そうしているうちに、この女優さんのもとにソウルメイトがやってきたのです！

毎晩、夕飯のときに、実在しない相手の席をわざわざ用意するのは、さすがにためらう気持ちが起こるかもしれません。しかし、「すでに愛する人と一緒の生活をしている」という気持ちを持つためには何をすべきなのか、よく考えてみてください。たとえば、デートのために数カ月先のコンサートや演劇のチケットを買うのもよいでしょう。グリーティングカードを買うときに、そんな日が訪れることを念じながら、愛する人の誕生日に贈るにふさわしい、あるいは二人の記念日を祝うにふさわしいカードを選ぶというのも一つのアイデアです。

もっと考えてみてください。もし自分のプリンスやプリンセスが、数カ月後、あるいは数週間後、自分の家に入ってくることに絶対的な確信がある場合には、その準備に何が必要ですか？ 新しいシーツ、新しいタオル、新しいお皿ですか？ バスルームをきれいに掃除しますか？ 庭に花を植えますか？

自分の生活のすべての領域において、ソウルメイトを迎え入れる場所をつくることを最優先できるようになれば、ソウルメイトがあなたのそばに向かってきていることを、ほんとうにすんなりと信じられるようになります。

私は、初めてマンションを買ったときのことをよく覚えています。まだ、30代のころでした。それまで自分の家を初めて買うときは、夫と一緒に検討して買うだろうと想像していたものですから、一人で買うことになったという事実にかなり当惑していました。それでも当時は、家に投資するよいタイミングだったので、ともかく決断したのです。

新居での最初の数日は、一人で眠っていると非常に殺伐とした気分になり、人恋しさと寂しさばかりが募っていました。私の家はすべてが揃っているところなどではなく、足りないものだらけの家だったのです。

そこで私は自分の家を、愛や温かさ、そしてロマンスの気持ちが育まれる〝愛しい場所〟にしようと考えました。玄関から入るたびに、愛する人を引き寄せているという楽しい期待が膨らむ場所にしようとしたのです。

天井を含め、私はすべての場所をパステル調のやわらかなピンクで塗り替えました。そして、緑の葉がいっぱいの植物を置き、身をすっぽり沈めることができる白く大きなベッドを誂《あつら》えました。すると、冷たく、寂しい場所であったマンションが、居心地のよい、人を誘い込むようなすてきな場所に変わりました。

欲しいものがすでに手に入っているかのような生活をしていると、あなたの人生はすっかり新しいものに見えてくるはずです。１９７０年代、能力開発が盛んになったころ、人の脳の神経システムは**「ほんとうの出来事と、想像上の出来事を区別できない」**ということが明らかになりました。自分の人生を誰かとシェアする感覚を感じ取ることができれば、自分の感じ方が変わるばかりでなく、態度や心構えも改めさせられることになり、さらにその感覚が自分の生き方の指針ともなるのです。

あなたの生活を、ソウルメイトが観察しているとしたら?

ここで次の実験を楽しんでみてください。

自分の人生において、あなたがもっと多く表現したいと思っていることを思い起こしてください。たとえば前向きな自信、忍耐力、セクシーさ、あるいはユーモア……。次に、その性質をすでに備えている誰か(友だちや家族、あるいは有名人など、誰でもかまいません)のことを考えてください。そして深呼吸をし、その人の体に自分が入り込み、その人の目から世間を見ている状態を想像してください。

そうです。今あなたは、その人の考え方や信条というフィルターを通して、世の中を見ているのです。少しでも違って見えますか? 違ったように感じますか? これを習慣にして、今までとは異なる行動をとるように心がけてみてください。

ソウルメイトが現れることを心待ちにしている時間は、自分のことを振り返るいいチャンスでもあるのです。次のことも考えてみましょう。

もしソウルメイトが、今のあなたの生活を透視できる超能力を備えているとします。そのとき、ソウルメイトはどんな気分になっていると思いますか? **あなたの様子を見て、**

幸せな気分になっていると思いますか？　それともがっかりしているでしょうか？

よく考えてみましょう。

ここまで挙げた例のように、「すでに自分の人生にソウルメイトが一緒にいる」と信じて生活を送ることが肝心です。これが「引き寄せの法則」を効果的に使う秘訣です。もしほんとうに信じられるなら、きっとあなたは自分を現状よりももっと理想に近づけようと努力するでしょう。そんな理想の状態で、ソウルメイトを迎えたいものです。

自分のやるべき仕事のことを考えるだけではなく、自分は他の人にどのように接するべきか、よく考えてください。今はもう「いい人はもう残っていない！」などと不平不満を言っているときではありません。決して自分を〝筋金入りの負け犬〟といった、卑下するような言葉で決めつけないことです。

あなたは、自分の自尊心にがっちりと見合う人を引き寄せられるのです！　**もしあなたが、将来の愛する人に見られたくないような振る舞いを続けているなら、それはすぐにやめるようにしてください**。たとえば、未練がましく〝元カレ〟にいつまでもこだわっていたり、あるいは近くにいる人と行きずりの情事をしたり……。

私は自分のソウルメイトと出会う半年ほど前、ビル（仮名）という男性と会いました。ビルと私はたいへん気が合いましたが、彼に会ってすぐに、私が待っていた人ではないと思ったのです。

彼についていては、複数の女性と同時につきあっている〝プレイボーイ〟だという話をいやというほど聞いていましたし、そんな男性に時間やエネルギーを浪費したくもありませんでした。でも、ビルはとてもハンサムで、私が友だちと出かけると、いつも私の前に現れるように思えました。

そして私に、はっきりと「浮気をしようよ」と積極的に言い寄ってきました。思わず私もいつしか、「オーケーよ!」と言いかけそうになっていました。でも、私はすぐに「これは神さまが私を試しているんだわ」とわかったのです。

ビルに「オーケー」と言うことは、ダイエット中に、たっぷりとシロップをかけたアイスクリームを食べるようなものでした。そのときは一時的に楽しめたかもしれないけれど、直後に後悔することがわかっていました。私はじっくりと〝楽しみながら待つ〟ことを選び、自分の本来の望みを見失わずにソウルメイトを強く引き寄せることに専念したのです。自分の気持を抑えることは、なま易しいことではありませんでしたが、誘惑に負けなかった自分を誇りに思っています。

ここで強調しておきたいことがあります。それは、**まるでソウルメイトがそばにいるかのような生活を、憂うつな気持ちを癒すための応急処置のように考えてもらいたくない**

ということです。そんなことをしても、否定的な考えをしてしまうだけです。「欲しいのにまだ手に入っていない」という事実を考えて、気が滅入ったり、あるいは憂うつになったりする時期もあることを自覚するのが重要なことです。

そんな状況になったときには、自分の気持ちに身を任せることです。たとえば5分間だけ、思いっきり憂うつな気分を味わってみてください。または、とても深く、暗く、そして寂しい穴の底にいると想像してみてください。あるいは、日記を書いてみたり、自分がどれほど惨めな思いをしているのか、また、自分の人生がいかにむなしいかを、大声でわめきちらしてみてください。

そう、ほんとうに思いっきりやってみるのです。もっと憂うつになりたいのなら、鏡を見ながらやってみてください。私の予想では、あなたはとても5分間も耐えられないだろうと思います。そして、次にはもっと前向きな気持ちになっていることでしょう。

嫌な気分を追放したら、今度は元気がもらえる映画を観て、愛と希望、そして誠実さで自分を包んでみましょう。私の好きな映画は、『プリティ・ウーマン』『月の輝く夜に』『ラブ・アクチュアリー』、そして昔の名画、『ある日どこかで』です。ソウルメイトを引き寄せるためには、自分自身に魅力があることが必要だということをしっかりと覚えておいてください。

「ソウルメイトはすでに自分の生活に溶け込んでいる」というような生活をしているということは、宇宙に対して**「もう、準備はできています」**という、とても強烈なメッセージを送っていることになります。それは、「仕事が落ち着いて、家をきれいにして、体重が5キロ減ってから……」というような、「そのうちに準備ができます」というメッセージではありません。

1989年公開のケビン・コスナー主演の映画『フィールド・オブ・ドリームス』に出てくる、こんな有名なセリフを知っていますか？

「まず野球場をつくることが肝心だ。つくりさえすれば、みんながやってくる！」

「まるで○○のように」生活するということは、自分のハートの中のスイッチをパチンと入れるようなものです。あなたの大切な人が、あなたの自宅のドアにたどり着くための目印になる明かりなのです。あたかも愛にあふれているような生活をすればするほど、愛はあなたを見つけやすくなります。

それでは〝ハートの明かりのスイッチ〟は、どのように入れればよいのか、その方法を具体的に紹介しましょう。

ハートのスイッチを入れるフィーリングゼーション

静かに目を閉じ、鼻で呼吸をし、自分がストレスを解き放っている様子を想像してください。そして、雑念が消えていくときに、ゆっくりと呼吸をしながら自分が体の中に溶け込んでいく状態を感じてください。

さらに気分が落ち着き、さらに冷静になり、さらに心の平穏が得られるようになったら、次はかつて経験した愛と感謝の気持ちを抱いたひと時を思い起こしてください。それは、赤ちゃんやペット、大切な友だちの目を見たときに感じるような純粋な気持ちであり、むずかしいことではありません。そして、その愛や感謝の気持ちを味わったときの感情をもう一度追体験するのです。

なお、この作業をしているときは、自分の注意を自分のハートに置いておきます。**自分のハートの中や、その周辺で、その愛と感謝の気持ちをよく味わいます。**

次に、あなたが味わっているその愛と感謝の気持ちが、あなた自身のハートの明かりが存在する場所を示していると想像してください。その明かりがどのようなものに見えていても、なんら問題はありません。照明スイッチ、トーチ、ランタン、なんでもいいのです。

でも、それらがどんなものであっても、自分のハートにその照明がともることを忘れないことが大切です。

あなたはその照明を見て、存在を感じ、そして手を伸ばしてその照明のスイッチをオンにしようとしています。愛と感謝の気持ちを思い起こしているときには、自分のハートに大きく息を送り込んでみましょう。すると、愛と感謝の気持ちが大きく膨らんできます。この気持ちを味わうときのコツは、それが想像の産物であるという疑問を差し挟まないことです。

続いて、ハートにともる明かりを強く意識したまま、愛と感謝の気持ちが世界に発信されている様子を想像してみましょう。そうです、世界中の一切衆生《いっさいしゅじょう》へ——男性も、女性も、子どもも、イルカも、鳥も、生きとし生けるものすべてへ発信することができるのです。あなたが純真な愛と感謝の気持ちを世界中に発信するとき、あなたのハートには明かりがともり、ソウルメイトに向けて信号を送っています。「さあ、私はもう準備ができました。喜んで私のところへお迎えいたします」という信号を。

自分のハートから光が輝いている状態を保ちましょう。この光は信頼、そして英知に満たされています。あなたの身の回りの空間を照らし、その後、光は世界へ照射されていきます。この光と愛の感情にあなたの思いを吹き込み、宇宙のはるか遠くまで発信してください。

次にこの光が、あなたのソウルメイトのところまで届いたことを確信してください。そして、ソウルメイトがこちらに向かっていることを感じてください。あなたの体のすべての細胞で、ソウルメイトがこちらに向かっていることを感じ取るのです。

あなたとソウルメイトとの出会いがいつ、どこで、どのように、ということについては知る必要はありません。ただ、ソウルメイトがあなたに向かっているということだけで十分です。そう考えて、微笑んでいてください。

この段階では、ハートの明かりはまだつけたままにしておくことにしましょう。そして、自分は愛され、守られ、そして心構えはできていると安心しましょう。自分には与える愛と、受け取る愛が十分にあると考えてください。また、もう自分はソウルメイトと一緒に実際の生活をしているようなものですから、あなたは誰にでも愛を与えることができることを思い出してください。そうすればあなたの光はもっと強く輝きます。

……自分の生活の中に、自分を愛し、大事にし、そして崇拝さえしてくれる人を引き寄せるためには、あなたがまず自分のファンにならなければなりません。つまり、自分を愛してくれる人を魅了するには、まず自分が自分自身を愛することが必要なのです。

特別な誰かと喜びや冒険を分かち合う日を心待ちにしているなら、今ここで、楽しい冒険をつくり出したらどうでしょう？　かつて私は、ソウルメイトとスキューバダイビングの講習会に一緒に通うことを夢見ていたものです。この夢は結局、私が待つことに飽きてしまい、一人で参加することになりました。そして、ライセンスを取得すると、講習会で出会った女性のグループと一緒に、カリブ海へダイビング・ツアーに行く計画を立てました。そしてこのツアーの準備を始めるや否や、そのころ2、3週間ぐらい前からよく見かけるようになっていたある男性が、私に強い関心を抱くようになり、その人も一緒に出かけることになったのです。

その人は結局、私の待っていたソウルメイトではないことがわかったのですが、私がツアーに行こうと決めたことに対し、反応を返してきた相手がいたということは、私の方法が正しいということを証明しているようです。

6章　「イメージ・リスト」を書き出す

ソウルメイトに求める条件を挙げてみよう

好きなコーヒーショップに入ったとき、あなたが最初にすることはなんでしょう？　そう、注文をすることですね。

店員さんに、元気よく「テイクアウトで、ノン・カフェイン、低脂肪のモカラテの大、ノン・シュガーのバニラシロップつき！」と注文します。店員さんは微笑《ほほえ》み、注文を書きとめ、それをカップの横に置きます。そして代金を受け取ります。数分後、あなたは注文どおりのコーヒーを受け取って店を出ます。

……天にソウルメイトを注文することも、このようにうまくいくものです。いつも即座に願いがかなえられるとは限りませんが、次のことに注意すれば、最終的には注文どおりになります。

それは、「注文を明確に伝える」ということです。天にソウルメイトを注文することは、好みのコーヒーを注文することよりも配慮が必要です。正しく注文するには、まず自分のハートにしっかり問いかけて、自分はどんなことを望んでいるのかを探り出さなければなりません。

自分のパートナーにはこういうことはしてほしくない、といったことは、ぱっと挙げることができるでしょう。しかし、ソウルメイトを引き寄せるためには、その程度のアプローチではだめなのです。「何が欲しいのか」、それを明確に示さなくてはなりません。自分が欲しいことを伝えるときには、それが明確であればあるほど、また、具体的であればあるほど、天があなたの要望に応えることが容易になります。

さあ、次は自分の目標や要望、趣味や好みを念入りに、そして、正直に考える段階です。あなたが自分の人生のあらゆる面において、何がいちばん大切なことなのかを明らかにできれば、あなたと同じような価値観や目標を持っているパートナーを引き寄せることのできる、強烈で一貫したシグナルを発信し始めることができます。

しかし、**ぐずぐずとあいまいな状態を続けていたり、選択肢をそのまま保留にしていれば、天はあなたが何を欲しているのかがわからず、混乱してしまうでしょう。**

最近、私はコリーンという45歳になる女性にアドバイスをすることがありました。彼女は大人になってからずっと、ソウルメイトに出会うことを待っていました。

そんな彼女から、私はまず、男性に何を求めているのか、二人の生活はどんなものを望んでいるのかを聞き出しました。また、かなり単刀直入な質問だと思ったのですが、「子どもを育てる気はありますか？」と聞きました。

ところが、驚いたことに、彼女はこの質問にはっきりと答えられませんでした。そこでもう少し突っ込んで聞いてみると、彼女は血のつながっていない子どもを育てることに、あまり気乗りではないことがわかりました。また、もしそのような気持ちを捨てる気がないなら、同じような年齢で、同じような趣味の人に出会うチャンスは狭まってしまうこともわかっているようでした。

彼女は子どもがいないライフスタイルに憧れていることを自覚する一方で、そのライフスタイルを肯定することも躊躇《ちゅうちょ》していたのです。そんな気持ちでは、明確なシグナルを天に発信することはできません。コリーンは自分の願望を押し通そうとしたばかりに、天が彼女にぴったりの人を連れてくることをとてもむずかしくしていたのです。

条件はできるだけ詳細に書き出すこと

ある夜のこと、私は夫のブライアンとの夕食のときに、二人の共通の友人であるロバータが最近経験したブラインド・デートのことを、ブライアンに話しました。

ロバータはその日、デートの相手の嫌な癖を見てしまいました。ロバータが言うには、彼は口からひっきりなしに空気を吸いこみ、変な音を立てるというのです。しかも、その自分の癖を彼は自覚していませんでした。

私がブライアンにこの話をすると、彼はフォークを皿に置き、視線を上げて私をまっすぐ見つめ、こう言いました。

「それは、ぶち壊しってやつだね」

私たちはそれぞれ好みや価値観が異なりますので、誰かにとってまったく問題がないことでも、他の人には〝ぶち壊し〟になる場合があります。そんなときは、おたがいに妥協することが肝心になってきます。

ですから、「あなたとソウルメイトは何一つ譲り合う必要はないはず」などと言うつもりはありません。相手の要望に合わせたり、妥協したりすることは、二人がそれぞれ成長し、おたがいの絆が強くなることにつながります。

しかし、特定の人と一緒にいるときに、しばしば自分の信念を曲げなければならないことがあるというなら、その人はあなたにとって適切な相手ではありません。たとえば、子どもが欲しくても、相手の人がいらないという場合は、おたがいに妥協の余地はありません。

そこで、**自分のソウルメイトについてイメージ・リストをつくってみることが、自分の大切な価値観をはっきりと見極めるうえでとても参考になります。**ソウルメイトに出会う前の段階で、自分の考え方が明確になっていればいるほど、どの人が自分のソウルメイトであるのかを見分けやすくなります。自分にとって相手のどんな部分が妥協でき、どんな部分ができないかをはっきりとするのです。

まず、心待ちにしているソウルメイトとともに過ごすこれからの日々のことを考えてみましょう。たとえば、一緒にすること、一緒にいるときに感じたいこと、などです。次に掲げる質問に対する答えは、あなたがイメージ・リストを精緻なものに仕上げるときに、大切な基本情報となります。

①朝、ソウルメイトの傍らで目覚めるとき、どんな気分で目覚めたいか？

②今後二人は、どんなライフスタイルを選ぶことになるか？　二人とも仕事中毒か？　のんびり屋同士か？　それとも、その両方の要素を併せた生活か？

③二人の週末の過ごし方は？　田舎へハイキング？　映画などの文化的な催しに出かけるか？　あるいは近所の散策か？

④二人は子どもを欲しいと考えているか？　自分は他人の子どもを引き取ることができるか？

宇宙に対し、自分のソウルメイトはこんな人であってほしいと願うことは、まるでインターネットの検索でキーワードを打ち込むようなものです。キーワードを具体的に特定すればするほど、自分の求めている情報が得られる確率が高くなります。ソウルメイトについても、**できるだけ具体的な注文をすることです**。そのためには、イメージ・リストをつくるときに、次の二つの重要な基準が含まれるようにします。

①自分のソウルメイトになる人は独身、非同性愛者（そうです、こんなことまで明示しておかなければなりません）、健康的で長い年月を一緒に過ごす（あるいは、結婚することが前提なら、結婚生活を続ける）ことができる人であること。

②自分のソウルメイトになる人は、○○キロメートル以内に住んでいること。または、自分のところに引っ越してくることができる人。

ソウルメイトの近くに引っ越すことを厭《いと》わない場合でも、特に住みたい州や地方があるなら、その希望も明らかにしたほうがいいでしょう。ソウルメイトのイメージ・リストをつくり、やがて夢のソウルメイトに出会ったものの、その人が同性愛者だったり、住んでいる場所が地球の裏側だったという人たちもたくさんいます。

私にもそんな友人がいます。彼女のことを仮にローリと呼んでおきますが、ローリはあるとき、人生の最愛の人と出会ったと確信しました。その人は、ローリの望みをすべて持ち合わせていました――ただし、一つの点を除いてです。彼はゲイだったのです。

ローリは彼に強く惹かれていたので、彼の性的志向を変えようと努力しました。でも、結局はそれもかなわず、ローリが立ち直るまで長い年月が必要でした。

もう一人の女性もいます。彼女も自分にぴったりのソウルメイトを見つけることができました。ところが、彼女はオハイオ州デートンに住み、ソウルメイトはオーストラリアのシドニーに住んでいたのです。

ここで重要なことは、**ソウルメイトに出会えるよう宇宙にお願いをするときには、どんな人を望んでいるのかを、細部まではっきりと伝えることです**。

もちろん、細部にこだわるといっても、限度はあります。ある人は、結婚する相手に求めることについて特別な項目がありました。ウエストが81センチメートル以下でないと駄目だったのです。彼女はこの一つの基準にこだわり、合わない人はすべて対象から除外していきました。それでも彼女は、ウエスト81センチメートル以下の人に出会いました。ところが、その人はいやになるほどのケチでした。

大切なことは、体の特徴よりも、どんな性格かを明らかにしておくことです。ただし、この点でも例外はあります。特別な身体的特徴があれば、自分の求めているソウルメイトを見分けやすくなる場合があるということです。

私が初めて自分のソウルメイトのイメージ・リストをつくったとき、項目が48もある長いリストに、具体的な要望を書きました。

リストを書き始めたとき、真っ先に私の頭に浮かんだことは、「ソウルメイトになる人は、頭髪がグレイであってほしい」ということでした。なぜグレイなのか、理由はまったく不明でしたし、その時点まで頭髪がグレイかどうかはどうでもよいことでした。でも、なぜかそのときは、グレイヘアにこだわったのです。

そしてブライアンが現れたのですが、彼は髪がグレイであるというだけではなく(彼は30代の初めに髪がグレイになったそうです)、**2項目を除くすべての項目が私の要望と合致していました**。その2項目とは、ユダヤ人ではなかったことと、料理ができないことです。しかし、この二つは、私が熱心なユダヤ教徒ではなかったこと、また、食事にありつけないわけではなかったことなどの事情もあって、致命的ではありませんでした。

執着を手放すと、〝石〟はどんどん転がっていく

ローリング・ストーンズは10年ほど前に、「いつも欲しいものが手に入るとは限らない」と歌いました。**宇宙から私たちが必要なものを贈ってもらうためには、ときには私たちは欲しいものを諦めることも必要です。**

自分が欲しいもの（愛、幸福、成就）と、自分が執着していること（「バレンタインの日より前に彼に会いたい」とか、「身長は180センチメートル以上、瞳は褐色」といった願望）とは、ほんの紙一重の違いしかありません。

次に紹介するのは、執着を手放し、天に自らを任せることによって幸せを手に入れた、キャシーの体験談です。

最初の結婚が破局を迎えてから3年。その間、理想的な人にはめぐり合えず、なお独り身でした。よくデートにも出かけ、ランチやディナーを共にした男性もいましたが、どの人も私の期待にはそぐわず、むなしさと疎外感を味わっていました。もう私も三十路《みそじ》の半ばで、焦り気味でした。子どもが欲しかったのです。

夢を早く実現しようとして、私はいろいろなことを試しました。相談した霊能者が、私の将来のパートナーの名前は「B」から始まると予言したので、数年間、たくさんの「Bill」や「Bob」と会ったこともあります。しかし、どの男性も私のソウルメイトではありませんでした。

私は理想とするソウルメイトの特徴について、重要な順に10項目を挙げました。そのときのことで私がよく覚えているのは、〝プレイメイト〟(遊び友だち)であることが順位のトップだったことです。リストは冷蔵庫に貼りつけましたが、いつの間にかその紙は黄色に変色し、そのうちにどこかへ消えてしまっていました。私はしばらく禁欲生活をし、ヨガをして、スピリチュアルな生活に入っていました。

それから二つのことが起きました。

そのころの私は、独りで時間を過ごすことに慣れ、独り身の生活をエンジョイしていました。そんなあるとき、ある結婚式に出席したのです。

花嫁は、テレビ局で私と一緒に働いている若い研修生でした。受付にいたその花嫁は私を見つけると、「みなさんに新婚旅行に同行してもらって、結婚披露パーティをしようと企画しているのですが、一人欠員が出たのであなたも参加しませんか?」と誘ってきました。

彼らは飛行機をチャーターしていました。費用も格安で、プエルトリコの美しい海岸沿いのリゾート、プエルトバリャルタでのひとときを満喫できるとのことでした。そこは、かつてエリザベス・テイラーとリチャード・バートンが『イグアナの夜』という映画のロケで訪れていたとき、恋におちたリゾートでした。私は衝動的に行くことを決めました。

ところが、旅行は悲惨でした。20代の若さの大騒ぎ大好き人間たちについていけなかったのです。

若者たちは、眠らず、スパスパとたばこを吸い、私の限度を超える大酒を飲み、無茶の限りを尽くしていました。あるいは夜更けまでダンスをし、私には不可解な内輪の冗談にふけっていました。私は早めに引き揚げ、翌日からは昼も夜も――惨めに年齢を感じながら――一人で行動していました。

最後の日の夕方、海岸に沿って歩き、石の塀に腰を掛け、圧倒されるほど美しい夕日を眺めていたとき私の孤立感は頂点に達しました。周囲にはカップルや新婚旅行客がいっぱいだったのです。

私は惨めで、孤独で、見捨てられた気持ちを味わいながら、もう一度、私の不思議な「Bさん」のことを考えました。私の隣にいる「Bさん」の輪郭を想像し、数分間、その想像に癒しと安らぎを求めたのです。

「もし彼が隣にいれば、私はそれで満たされる。私は幸福――」

しかし、想像したパートナーの姿を見ようとして振り向くと、私の心の安らぎは突然消えてしまいました。自分の隣にいると想像した白い輪郭が、ブラックホールに変わってしまったのです。その瞬間、私が描いていた理想のパートナーの輪郭をぴったり埋められる人などいるわけがない、と気づきました。

夕日を眺めていたときのあのひらめきは、私がそれまでに抱いていたソウルメイトについての考え方を変えたという意味で、私の人生そのものを変えたことになりました。期待は諦めることにしたのです。

私は自宅に戻ってからすぐに、バイロンという男性の遊び相手という役回りを演じることになりました。バイロンとは私が前の夫と別れた１９８５年に出会っていましたが、そのとき彼は私に好意を寄せ、手紙でデートに誘ってくれたりしていました。しかし、私は無視していました。実を言うと、彼は私の理想像とは異なっていたため、彼のことを理解しようともしていなかったのです。

でも、そのときは私も「完璧なパートナー」という理想像を求めることはすでに諦めていたため、つきあい始めてバイロンのよさを感じることができるようになっていきました。それから8年を経て、バイロン、つまり「Bさん」と私は、１９９６年に結婚しました。この結婚という戦場は、二人にとって大勝利であり、また同時に降伏でもありました。

私は最近、何年も前に紛失してしまったと思っていた黄色に変色した例の紙を見つけました。ソウルメイトに求める10の項目を書いたリストです。それを読んでみて、それぞれの項目がバイロンの特徴をとても的確に描写していることに驚きました。彼と私は遊びの中で出会った、というだけではなく、彼は私の人生において最良の遊び友だちになりました。

自分のソウルメイトの「イメージ・リスト」をつくる

ソウルメイトのイメージ・リストづくりを始めるにあたっては、次の表を参考にしてください。これらの中で、すべてではなく自分にとってほんとうに重要な性格・資質や特徴だけを抜き書きするといいでしょう。

昔の恋人との幸せな思い出がある場合（あるいは、今もその人と友だちである場合）、その人のどんな性格にいちばん惹かれていたのか考えてみましょう。そうすれば、これからど

・心が広い	・健康的
・かわいらしい	・独立している
・愛情深い	・子育てが上手
・野心的	・遊び人
・頭が切れる	・セクシー
・美しい	・感覚的
・生き生きしている	・スマート
・思いやりがある	・才能がある
・カリスマ性がある	・マイホーム主義
・創造的	・オープンな性格
・思慮深い	・社会的に成功している
・つきあいやすい	・物惜しみしない（お金、時間、愛情…）
・みんなから慕われる	・よい関係を保てる（子ども、親戚、前の配偶者…）
・柔軟性がある	・自分を支援してくれる（仕事、趣味、夢…）
・話が面白い	・○○が好き（犬・猫などのペット、お酒、自然…）
・幸福を与えてくれる	・○○することが好き（料理、ゴルフ、旅行…）

イメージ・リストの例

んなタイプの人をマニフェストすればいいのかをイメージする手がかりになります。リストは短くても長くても、つくるときには時間をたっぷりとって、よく吟味してください。

次の20項目は、私の友人のレズリーが最近作成したソウルメイトのイメージ・リストです。

①知的
②正直
③愛情深い
④情緒が安定している
⑤健康的である
⑥とても親切
⑦心が広い
⑧おもしろい
⑨自己をしっかりと守っている
⑩魅力的
⑪やさしい人柄

⑫身体的な相性がいい
⑬セックスの相性がいい
⑭ユーモアのセンスがある
⑮相手によく通じる話をする
⑯物惜しみしない
⑰価値観が合う
⑱ゆったりとしている
⑲成功している
⑳感謝の気持ちを持っている

続いて私たちはこのリストを、彼女が毎日読んで確認できるように、つくり直しました。次のようにです。

私、レズリー・アン・リーズは、私の愛するソウルメイトのことで神さまに感謝します。私のソウルメイトは独身で、誠実であることを私はありがたく思います。私とソウルメイトが、健康で、愛情にあふれ、信頼し合える関係を終生続けることができますように。

彼はサンディエゴから50マイル（約80キロメートル）以内に住んでいるか、あるいはこの町に喜んで引っ越してくれることを望みます。彼は、知的で、正直で、愛情にあふれており、情緒も体も健康的であることを望みます。性格がとても親切で、やさしい人柄、おもしろく、そして自分をしっかりと守っており、魅力に富み、私との相性もぴったりと合う人です。また、仕事は成功しており、心が広く、物惜しみせず、日々、感謝の気持ちを持って、ゆったりと過ごしています。話をしたり聞いたりするのが上手で、私たちは一緒に幸福を味わいながら、安心して生活していけます。

私はその人の到来を今かと待ち望み、もうすぐ二人は一緒になることを思って、心は平和で、快い気持ちになってリラックスしています。

こんな願いを聞かされると、神さまは断りきれないでしょうね。

最後に一度、大事な項目を忘れていないかどうか、信頼できる友人に見直してもらうことも大切です。 レズリーの場合、結婚や子どもは目的でなかったため、そうした項目は除外されています。結婚や子ども、あるいはその両方を得たいと思っているなら、そのことも項目として入れなければなりません。

あなたは、自分の希望はすでに頭でわかっていると思っているかもしれませんね。しかし自分の希望を明確にして、そして気持ちを込めて言葉で表現すると、あなたとソウルメイトの間の引き合う力は、少なくとも、百倍は強くなります。

実際、自分が求めるソウルメイトの性格を書き出すと、この人は案外もっと近いところにいるかもしれない、という気がしてくるものです。次に紹介するのは、起業家であり、『アンサー』などのベストセラーでも知られる、ジョン・アサラフの例です。

私の最初の結婚相手は、ほんとうにいい女性でした。しかし、結婚に至るプロセスに問題がありました。

デートを始めるようになってから1年後、私は彼女と出会ったカナダのトロントから離れ、インディアナ州で自分の最初の会社を立ち上げることにしました。彼女には、トロントとインディアナ州を行ったり来たりしてもらって、二人の関係は続いていきました。

ところが、そんな生活が2年ほど続いたある日、彼女が最後通牒を突きつけてきました。

「もし、結婚しないのなら、もう終わりにします」

彼女の決意を告げられ、私ももはや結婚すべき時期だと思ったこともあり、私たちは結婚しました。

それから、すべてが変わりました。結婚までの二人の関係は、うわべだけのつきあいだったのです。人生に求めていることや、目標にしていること、挑戦したいこと、個人的なゴールや夢などを、落ち着いて話し合ったことなどありませんでした。それなのに、二人はまるで映画の登場人物のように結婚してしまったのです。

私は自分の会社を立ち上げるとき、1週間に80時間も働いていて、彼女はうんざりした生活を味わっていました。というのも彼女はカナダ国籍で、アメリカでの就労許可がなかったのです。そして2年間、彼女は一生懸命に努力をし、あるいは努力をしているように取り繕っていたのですが、私は別れたほうがいいと判断しました。振り返ってみると、私たちは若く、深い愛で理解し合っていたというよりは肉欲にかられていたのかもしれません。単に「愛し合っている」という言葉に溺れていて、結婚という区切りを回避できなかったのです。

離婚したすぐ後で、私ははちきれそうな22歳の若い女性(私はそのとき30歳でした)と知り合いになり、楽しい日々を過ごしました。そのとき私は再婚するつもりはありませんでした。

しかし彼女の妊娠で、それも一変しました。私は、二人はつきあって楽しめたのだから、結婚して子どもも育てられるいい関係を続けられるだろうと考えました。しかし、結局、それもかないませんでした。結婚し、赤ちゃんが生まれてすぐに、二人の性格の差に気づいたのです。

ただ、私にとって幸運だったことは、おたがいが相手のことを気遣い、子どもを慈しんで育てようとしながらも、二人が結婚していては駄目だと決める前に、もう一人子どもが生まれたことでした。ただ、私にとっては2度目の離婚であり、結婚生活では自分はまったくの敗者であることを思い知らされたのでした。

その後の私は、自分が正しいと思った決定ができるようになり、ほぼすべてのことで成功を収めました。しかし、ソウルメイトを見つけることだけは、まるで聖杯（探求しても絶対達成できない理想）のように、見果てぬ夢でした。

あのとき私は、愛を引き寄せるやり方や、決断に至るプロセスに欠陥があるということに気づいていませんでした。ビジネスやそのほかの分野では、具体的できめ細かな目標設定をしたものですが、パートナーとの対人関係では、場当たり的にただ相手に合わせていただけだったのです。

そして私は、2度の離婚の心の傷がいえるまでは独身でいることにしました。また、2度の離婚の原因となったことを自分が改められるようになるまでは、次の結婚をしないと決心したのでした。

たくさんのことを回顧しながら、私は自分が愛についてはとても未熟で、頑固で、すべてわかっているように誤解していたことに気づきました。ほんとうのところは、私は自分がその人にとって最適なパートナーになるには何が必要なのか、一つもわかっていなかったのです。そして、自分のソウルメイトはどんな人がいいのかも、理解していなかったのです。あのときになって初めて、私は自分の理解がなんとわずかで、表面だけだったのかに気づいたのです。

この新たな意識が二つの重大な決定をもたらしました。一つは、自分の会社を大きくするために投資をしたように、私がよいパートナーになるために、できる限りの努力をするという決意であり、二つ目は完璧なソウルメイトを見つけるために、「引き寄せの法則」を応用することでした。

ある日、私は自分の人生の目的に立ち返って考えていました。そのとき、自分のソウルメイトに求める項目を、とても細かなところまで列挙してみたのです。パーソナリティー、笑顔、物腰、嗜好、嫌いなもの、情熱、性的な関心、家族、宗教、旅行など、私が自分のソウルメイトの属性としてこうあってほしいと思いつく限りのことを挙げました。その項目リストを書き上げ、書き直し、完璧に仕上げ、〝人生設計のファイル〟に保存し、それからは放置しておきました。

私は神さまが願いを聞き入れてくれることを信じていました。神さまが愛をもって対処してくれることに、なんの疑問も持ちませんでした。換言すると、私たちに生命を与えてくれた神さまの力を信じていたのです。私がさらに努力することを課したり、期限を設けたりすることなく、私のソウルメイトを見つけてくれることを信じたのです。

ある土曜日の朝早く、スポーツジムで私は親しい友人と話しながらエアロバイクを漕いでいました。そこへ二人のとびきりの美人が入ってきました。私はすぐに友人に彼女たちの到来を教えました。そして私たちは顔を見合わせ、小声で意味ありげに含み笑いをしました。

私は彼に自転車をそのまま漕がせておいて、一人で階段を下り、女性の一人にさりげなく自己紹介をしました。彼女はほんとうに美人でした。少しの間言葉を交わしたあと、私は彼女に「サンディエゴでおいしいところを知りませんか?」「ここでは何をするのがいいですか?」と尋ねました。

私は当時、ロサンゼルスから引っ越してきたばかりだったのです。彼女は海岸沿いに、ほとんどの週末、知り合いが集まるたまり場があると、ある店を教えてくれました。その週末、私は二人の息子を連れて彼女が説明した場所へ行ってみました。

するとどうでしょう。私たちが着いて1時間ほど経つと、彼女も現れたのです。それは、それから6年間も続く、彼女との不即不離のつきあいの始まりでした。私はそのとき結婚のことは頭になく、彼女との関係も最初から結婚とは切り離していました。

ある日、何年も前に書いた〝人生設計のファイル〟を見ていると、理想のソウルメイト像の項目が出てきました。読んでみて驚いたのですが、実はそのソウルメイトにすでに出会っていたのに、私は気がついていなかったのです。私の書いた項目のすべてに合致する女性は、実はそのときつきあっていた女性だったのです。

言わずもがなですが、私は結婚を申し込み、彼女も受けてくれました。結婚後、その女性、マリアに私が何年も前に書いたソウルメイトの項目を見せました。マリアは信じられなかったようです。

以来、私たち夫婦はいい関係を続けており、二人は共に「引き寄せの法則」の力を固く信じるようになりました。

「イメージ・リスト」を現実のものにする儀式

パートナーの特徴として、自分にとって重要だと思うものを熟考し終えたら、次はそれらをきれいな紙に書き出してください。その言葉を書きながら、すでにそのパートナーと一緒に住んでいる状態を想像し、自分の生活に入ってきてくれたことに感謝の気持ちを抱くことが肝心です。「おたがい、ついにソウルメイトを見つけた」という高揚感からくる喜び、幸福感、情熱、心の平和を味わってください。

リストをつくったら、次は聖なる〝儀式〟とともに外部に発信することが大事です。形式を整えて発表することにより、自分のこだわり――つまりソウルメイトには、いつ、どこで、どのように現れてほしいのかといった願望の詳細を、宇宙に委ねることになります。

ディーパック・チョプラは『富と成功をもたらす7つの法則――願望が自然に叶う実践ガイド』で、次のように述べています。

「何かを手に入れたいなら、そのものに対する執着心を捨てることだ。といっても、『欲しいものを新たに考えるな』ということではなく、**『結果にこだわるな』ということ**」

では、儀式のやり方です。まず、この儀式にふさわしい特別な日を選んでください。たとえば満月や新月の日、金曜日(金曜日はビーナス、すなわち愛の女神の日です)、あるいは自分にとって特別な日を選んでください。次いで、都合のよい時刻を選びます(私は自分のリストは金曜日の正午に発信しました）。

次は場所選びです。風水で整えた自分の部屋の祭壇はどうでしょうか。あるいは聖地や裏庭の清らかなスポットでもいいですね。

では、**ソウルメイトのイメージ・リストを大きな声で読み上げてください**。一つ一つの言葉、性格、特質、要望が自分に染み入るように感じてください。そして、自分の願望が聞き入れられ、受け付けられたことを信じ、次にそのリストを安全な容器に入れて、燃やしてください。

あなたのイメージ・リストは灰になり、願いは宇宙の見えない力に届けられました。その力はあなたがソウルメイトと出会うように、時と場所をお膳立てしてくれます。そして今度はその灰を、海、川、池などへ沈めます。海や川が近くにない場合は、庭に埋めてください。また、将来、自分のリストを参照するために保管しておきたい場合は、儀式をもってどこか特別なところに保管することもできます。

数分間目を閉じ、じっと座って、自分のハートが開き、そして広がり、自分の祈りが宇宙に届いていることを感じ取ってください。自分の平穏な心の中で、自分はパートナーにまもなく会えることを心待ちにしているというメッセージを発信してください。

自分がつくったイメージ・リストを燃やしてしまうことに気が引ける場合は、大きな声でそれを読み上げた後、小さく折り、赤やピンクのヘリウム風船につけて、広い空間のところで飛ばしてしまう方法もあります。風船が空高く上昇してゆくと、あなたの願いは聞き入れられるようになります。

あるいは、私の友人のダニエルの方法でもいいでしょう。その方法とは、リストを封筒に入れて封をし、ベッドのマットレスの下に置くことです。そう、ソウルメイトと一緒の日をちゃめっ気たっぷりに期待しながら、です。

また、自分のイメージ・リストを確認する意味で書き直すこともいいですね(前述のレズリーのように)。そして、そのリストを祭壇に祀ってください。

さあ、ソウルメイトのイメージ・リストを発信する儀式の締めくくりですが、それは**個人的にお祝いをすることです**。どこかしゃれた店で、シャンパン一杯の祝杯でもいいですし、あるいは、二人のためにおいしい料理をつくり、蠟燭を立て、ロマンチックな音楽をかけて、運命の歯車が回り始めていることにお祝いをしてもいいですね。どのようなものでも自分が気に入ればそれで十分です。

望みをかなえる「マンダラ塗り絵」

人によっては、自分のソウルメイトのイメージを項目にして書くことは、ちょっと堅苦しいとか、理屈っぽいと考えるかもしれません。あなたがものごとを柔軟に考える、創造性豊かなタイプであるなら、**「マンダラ塗り絵」**を使った方法もあります。

次の話はそんな事例です。

1984年12月、私は27歳で、映画、ビデオの編集者やCGアニメの作家と一緒に仕事をしていた。仕事はクリエイティブで刺激が多かった。住まいはミシガン湖近くのシカゴの繁華街にあり、むき出しのブロック壁がインテリアとなり、らせん階段で結ばれた上下2階に部屋のある、豪華なアパートだった。

仕事の合間には、即興でコメディを演じるサークルに属し、おもしろおかしく仲間づきあいを楽しんでいた。すべてを考えてみると、まあ、いい人生だった。でも、寂しかった。パートナーが欲しかった。私の人生をシェアしてくれる男性がいてほしかった。

私には男運が尽きてしまったかのようだった。友だちの兄と初めてのデートにも行ったし、初めて会った仕事関係の人ともデートをした。隣のビルの住人ともデートをしたこともあった。でも、愛が芽生えることはなかった。

クリスマスや新年が近づいてきても、私にはデートはなかった。だが友だちはたくさんいた。休暇には即興劇の仲間や仕事の同僚と夕食を共にしたり、あるいはスピリチュアル系の本を静かに読んで過ごしたり、ヨガをしたりしていた。ほかのことでは恵まれていることに感謝しながら、私は諦めて独身で過ごすことにした。

そんなある日の夜のこと。占星術の本を読んでいるとき、以前、占星術師にこんなアドバイスをされたことを思い出した。

「マンダラを描いて、細かい部分まで色鉛筆やマーカーペンできれいに塗り、あなたの夫となる人の性格について、瞑想したり、声に出してみたりしてください」

私はマンダラの模様を前にして寝室に寝そべり、周りに何本もの色鉛筆を置き、白檀のお香を焚いた。そして、私はこう宣言した。

「これから人生を共にする完璧なスピリチュアル・フレンドであり、愛するパートナーとなる人を、必ず見つけるのだ！」

私はきれいな色鉛筆を選び、自分の将来の夫になる人の性格についてこと細かく考えつつ、マンダラの細部に色をつけていった。紫の色を塗りながら、私は動物にやさしい人がいい、と思いを馳せた。また、私のユーモアをわかってくれる人がいい、と願いつつ、ツルニチニチソウのような緑の色を塗った。

このようにマンダラの模様のそれぞれのスペースには、それぞれの思いを込めて、色をつけていった。明るい色調のグリーンは、レストランの給仕やウエイトレスにも親切な人。真紅は、私が求めているスピリチュアルな生活に理解がある人。そのように、一つ一つ願いを込めて新しい色で塗り分けてゆく。私が好んでいることについては、たとえほかの人が気味が悪いと思っても好きになってくれる人。そして最後に、私の夢を共有してくれる人。

完成した私のマンダラは、まるで万華鏡を覗いているようだった。さながら、明るい渦巻き状の色をした宝石のようであった。

クリスマスが終わり、次は大晦日が迫っていた。大晦日の夜は、即興劇の仲間たちと11時にナイトクラブで集まることになっていた。大晦日だからといって特別な誰かと夜を過ごすよりも、私は彼らに会いにいくことのほうが嬉しかった。

1984年12月31日の夜は、大雪だった。このときまでに、私は自分の人生に折り合いをつけていた。独身だけど、たくさんのよい友人がいて、お金を稼げる仕事もあるじゃないか、と。夢にまで見たパートナーに会えなくても、自分が歩んできた人生なのだから、それに満足しようと……。

私は少しの間だけ運動をしようと、愛車の小さなニッサン・セントラに乗って、シカゴのイースト・バンク・ジムへ行った。雪で滑り、まるでピンボールの球になったような気分だった。雪に覆われたまま停車している車にぶつからなかったのは幸いだった。

いつもは賑わっているジムだが、さすがその夜の駐車場は空きが多かった。受付の女性さえ、こんな雪の日の大晦日に、メンバーがやってきたことに驚いている様子だった。

中に入ると、まず体を温めるためにエアロバイクのところに直行した。そして、前をぼんやり見ながらペダルを漕いだ。毎日混み合っているジムも、その夜はゴーストタウンだった。私はすっぴんで、いつもはボブにしている髪も、鳥の巣のように膨らんでいた。

突然どこからともなく、黒い髪のハンサムな男性が現れ、私の隣でバイクにまたがり、漕ぎ始めた。「どれぐらい漕いでるの？」とその人が聞いた。私はそのとき、自分の世界に浸っていたので、あまり話す気にはならなかったが、「30分」と答えた。私はほんとうに話すことは避けたかった。この人が私と、私の鳥の巣のような髪を放っておいてくれることを心から願った。

「そりゃすごい！」と彼は言った。「僕は45分漕ぐつもりだ」。私を見る彼の褐色の瞳が笑った。

私はハーハーと息をしていたが、大晦日の夜の予定のことを教え合うことになった。彼は友人とパーティへ行くという。私は11時に友だちと会うと告げた。私たちは名前を明かし、エアロバイクのブンブンという音を伴奏に、何気ない話を続けた。「じゃあ、私、これからストレッチをやるわ。話、おもしろかった、ありがとう」と私は告げ、そそくさとミラーのあるスタジオへと向かった。私はマットを伸ばして敷き、ヨガのストレッチを始めた。

ショルダースタンド（肩立ちのポーズ）、プラウ（鋤《すき》のポーズ）、フィッシュ（魚のポーズ）……。すると、頭が一つ、木のドア越しに覗き、大きな褐色の瞳がこう言った。

「ねえ、これが終わったら、オレンジジュース、飲まない？」

私たちはシャワーが終わったあとで、食堂のドリンクコーナーで落ち合うことにした。シャワーを浴び、ドライヤーを髪に当てると、私は気分まで生き返った。前の私に戻っていた。その褐色の瞳の人、ハワードに食堂で会った。オレンジジュースを注文し、ふたたび話を始めた。彼はやさしく、神経がこまやかで、おもしろく、そしてルックスもよかった。私たちがオレンジジュースを飲み終える前に、ジムを閉める準備が始まった。名刺を交換し、水曜日に夕食を一緒に食べる約束をした。

シカゴの大晦日に、こんな大雪が降ったことはなかったというその夜、私は運転して帰路についた。雪はますます降りしきり、厚く積もった。車のフロントガラスは毛布で覆ったような雪だった。

アパートに着くと、パーティ用に着飾った。小さな輸入車で雪の中を危なっかしく行くより、タクシーのほうが安全のように思えた。外へ出たが、空は荒れ狂っていた。雪が視界を閉ざし、タクシーや車など走ってはいなかった。吹雪の中、アパートへよろよろと戻った。温かいハーブティーを手に、マルクス兄弟の映画を観ていると、外では風がうなり、雪の結晶が窓ガラスに張りついた。

水曜日のデートの夜、ハワードが私を車で迎えに来てくれた。彼は私の冗談に笑い、私が夢中になっている瞑想のことを話しても身構えるような様子はなかった。私たちは人気のテクス・メクス料理(メキシコ風アメリカ料理)の店に行き、暖炉のそばに席をとった。

すごくたくさんの話をした。おいしい料理に舌鼓を打ち、大晦日の豪雪で足止め状態になったことを振り返って笑い合った。彼はほんとうにやさしく、給仕の人にも心から親切にしていた。動物が好きで、ウルフ(狼)という名前の猫を飼っていた。また、格闘技が大好きだった。彼はドラマーで、どんな音楽も愛でていた。それは、すばらしい夜だった。

私たちは気の合った仲間であることがわかり、朝まで話すこともできた。だが、二人とも翌日は仕事があった。そこで、11時30分に引き揚げることにした。ハワードは私をアパートの玄関まで送ってくれた。そして、お休みのキスをしていった。心に残るキスだった。

あれ以来、二人は一緒である。彼こそ私の理想の男性。私たちは、おたがいに本当のソウルメイトとなったのだ（あなたも次のページのマンダラに、望みをかなえることができるよう色を塗ってみてください）。

私はこの話が大好きです。というのも「引き寄せの法則」の中のいくつかの重要な法則が示されているからです。ゲイルは自分のソウルメイトを確認するために、必要に迫られてというのではなく、ゆったりとリラックスし、自分の人生に満足しながら、ソウルメイト探しを明るく楽しんでいました。

これは重要なポイントです。というのも、あなたの人生を救ったり、借金地獄や、あるいは心に巣くう悪霊からあなたを救出することが、ソウルメイトの役割ではないからです。ソウルメイトとは、あなたの心の奥底にある気持ちをわかり合える友だちであり、パートナーなのです。

たちまち幸せを呼び込む！
「マンダラ塗り絵」

ソウルメイトは本当のソウルメイト同士のつながりの美しさやその力を信じ、理解することができます。自分が愛を示せないときでも、あなたに愛を示してくれるのがソウルメイトなのです。

私の友だちのマクシンが自分のソウルメイトのイメージをつくり上げようとしていたとき、彼女が祈った言葉は**「自分が望む幸福をその人にあげられますように」**でした。マクシンが祈りを奉げてから2時間後、彼女はある男性に会いました。そして6カ月後、その人と結婚しました。12年後の今日も、二人は愛し合っています。

ソウルメイトを見つけるには、できる限りリラックスし、明るい気分になってください。コーヒーショップの店員さんにモカラテを注文したとき、頼んだ品を出してくれることに疑いを抱かなかったはずです。それと同じように、神さまに注文した本当の愛があなたに届けられることを信じましょう。

7章　すべては「行動」から始まる

愛を遠ざけているのは自分自身？

〝狂気〟という言葉の古い定義を知っていますか？　アルバート・アインシュタインはこう定義しています。

「何度も何度も同じことを繰り返しながら、異なる結果を望むこと」

……ソウルメイトのイメージを明らかにするに際して、その前に、自分の過去についての感情的なしこりを消しておく必要があります。**そうしないと、自分が失敗した同じタイプの人を引き寄せてしまう恐れがあるからです**。

もし過去の感情的な荷物を引きずっているなら（ほとんどの人がそうですが）、今すぐ清算するようにしてください。過去の頭痛や憤慨の種、あるいは失望したことを解き放してしまえば、ソウルメイトとの健康的で、幸福で、そして充実した新生活のための基礎ができるのです。

ここで一つ、明確にしておきたいことがあります。それは、「人の心は傷つきやすい」ということです。誰もこの宿命から逃れることはできません。子どものころのつらい日々のことであろうと、恋人から邪険にされたことであろうと、あるいは嫌な人間関係であろうと、癒しの必要な心の傷が残っているものです。

あなたはソウルメイトを引き寄せようとして準備をしているのですから、**過去のもっとも苦しい心の傷を癒すことを、本気で始めようと決心しなければなりません。**私はここで「始めよう」と書きましたが、この点に注目してください。

多くの人にとって、癒しは一生続ける旅になる場合もありますので、ソウルメイトを見つけるために過去の感情的な重荷のすべてを一度に解き放しておくことは必要ありません。ソウルメイトの役割の一つはあなたのそんなトラウマを癒すことですから。

それでも、健康的で信頼し合えるパートナーを引き寄せるために、純真な気持ちを発信したい場合は、自分を過去に否定的に縛りつけている感情的な障害は取り除いておくべきです。

さて、ここで少し自分のパートナーに求める性格や属性について考えてみて、そんな性格のパートナーと自分が感情的にもマッチしているのかどうか、自問自答してみましょう。

もし自分のハートを高い壁で防御しているなら、無意識に愛を遠ざけているのかもしれません。心の古傷や絶望感、あるいは後悔を抱えたままのハートは愛の接近を拒んでいることになります。そうです、あなたの癒されていない感情のしこりは、宇宙に向かって混乱したメッセージを発信していることになります。

あなたは理想のソウルメイトを見つけたいと切望しているでしょうが、その一方で別の自分は「いいえ、また傷つくのはもう、いや」と言っています。ですから、これからやるべきことは、古い傷を見つけ出し、それらを克服して癒しを「始めること」です。**その方法の真髄は、「ゆるし」です**。

ゆるしのパワーで過去の傷を癒すと、未来へのドアが開く

ある朝、テレビでニュース番組を見ていたとき、10年ほど前に娘を殺されたある母親が出演していました。この女性はいかに大きな怒りや恨み、憎しみを犯人に抱いてきたかを説明しました(犯人はそのとき、終身刑で服役中でした)。

そして最後に彼女は、そのような恨みや怒りを抱いたまま生きていくことができないため、犯人に手紙を書き、彼をゆるすことに決めたと話したのです。彼女は司会者に次のように話しました。

「自分がその手紙を投函したとたん、激怒は消えてしまい、犯人に与えた自分のゆるしの気持ちが自分自身にも広がるのを感じました。もしゆるしの力をもっと前に知っていたな

ら、何年も前に彼をゆるしていたのに」

同様に、愛が自分のところへやってくることを妨げている自分の感情的な障壁を解き放してしまうためには、ゆるしの力に頼ることがいちばんです。私の妹、デビー・フォードが書いた、いくつもの賞を受賞した『スピリチュアル・ディヴォース——離婚、それはスピリチュアルな出来事だった。別れても「前より幸せになる」ために…』という本には、「ゆるしは過去と未来の間にある廊下です」と書かれています。もっと端的に言えば、**「古傷を癒すことができれば、実りある未来へのドアが開かれる」**のです。

次の例がそれを物語ります。

私の初めての経験は18歳の誕生日、酔っ払った人が相手だった。初めから愛はなかった。

その1年後、私がバーで飲んでいるときだった。よく知らない男たちから「車で家に送るよ」と誘われ、ついそれに乗ってしまった。私は集団レイプの辱めを受け、それから何年もそのトラウマに苦しむことになった。そして、ひどい人生を送るはめとなった。それ以降、私がつきあった相手は、男性に対する私の怒りと、自己嫌悪の裏返しのような人たちだった。セックス、麻薬、アルコール、ギャンブルに溺れている人たちだった。

そんな人は誰一人として私に敬意や愛情を抱くことなどなかった。私も自分自身を尊敬できなかったから、それも当然だった。気の合う相手はいなかったが、私自身が自分に合わせることすらできなかったのだ。どの人もみな不誠実だったが、それは私がいつも自分を裏切っていたからだろう。みんな私と同じように、自分をごまかし、自分の尊厳を否定していた。

27歳になった私は、神の力を信じるようになり、アルコール依存から抜け出そうとした。形而上学を勉強し始め、現在「引き寄せの法則」として知られるようになった本も、そのときに次から次に読んだ。

ウォレス・D・ワトルズ、キャサリン・ポンダー、アーネスト・ホームズ、アリス・A・ベイリー、ノーマン・ヴィンセント・ピール、ジェームズ・アレン、シャクティー・ガーウェインらの著書が私の枕もとに並ぶようになった。

また、クリエイティブ・ビジュアライゼーションや、アファメーションをし、ソウルメイトのイメージを心に描いた。トレジャー・マップもつくった。雑誌から、黒い髪のハンサムな男性の写真を切り抜いて貼っていった。また、ウエディングドレスの写真も貼った。毎日その男性の姿やウエディングドレスのことを考え、自分が結婚するイメージを強くしていった。

だが心の奥底では、私をレイプした人を、そして自分をゆるせなかった。だからその当時、つきあった相手に対し愛がなかった私の状態や、自分を愛することさえできなかったのは、なんの不思議もなかった。

そんなあるとき、私はある人とブラインド・デートをした。彼は私のトレジャー・マップにあった、ハンサムで黒い髪のイメージを体現しているかのような容姿だった。つきあってしばらくすると、彼から結婚を申し込まれた。

しかし、私の心の状態では、二人が結婚しても、結局、それ相応の関係しか生まれないことがわかった。二人ともおたがいに言葉は粗野で、融通が利かず、最後はおたがいに幻滅し、失望した。だが、やがてわかったことだが、私たちの関係が破局に向かったことは、起こり得る最良のことだった。ついに光明がともったのだ。

たしかに私の気持ちはどん底を経験した。そして、レイプの犠牲者だという意識を克服できず、なお抑圧していた怒りが頭をもたげ、報復したいという気持ちや疑りが強くなり、人とのつきあいが悪くなった。男性に対してというだけではなく、自分自身に対しても。

しかし、それは癒されることの始まりだった。それから1年間、過去の痛みから自分を解放するために、私は禁欲生活と自分の心の中を省みていた。私は、ゆるすこと、憤りを解き放つこと、そして自分の人生というドラマで演じるべき己の役割を学んだ。

結果として、希望を取り戻すことができた。そして謙虚さがそれまでの怒りと怖れに取って代わった。自分が長い間求めていた愛に、自分自身を昇華させたのだ。ついに私は、自分をゆるすことができるようになった。

44歳という若さで、私は神さまの意志に自分の心を任せられるようになった。自分がもしパートナーと出会えるなら、どうか、その人を探してください、と毎日神さまに祈った。そして、ある朝、希望に満たされて目覚めたのである。

その後私は、自分のところへ相談に来る人に、瞑想によって人生のパートナーをマニフェストする――つまりソウルメイトをイメージし、容姿や性格などを明らかにし、自分のもとに現れさせる方法を指導してきた。その経験から、自分が学びたいことを教えるべきである、ということもわかった。私が指導した人はすばらしい成果を得ていた。そして、私も自分でやってみることにした。

翌日、私はインターネットで出会いのサイトを検索してみた。すると、とてもハンサムな男性の写真に出会い、驚いた。私は彼のプロフィールをほとんど読まず、彼の目を見つめた。そして、直感した。

私は彼のメールアドレスに連絡してみた。すると彼から電話がかかってきた。彼の声を聞いたとたん、私は理解した。この人こそ私のソウルメイトだ。

今までは、どの男性とのときにも、浮ついた気持ちだったが、今回はそうではなかった。私は、不安がなく、落ち着き、パートナーを喜んで迎え入れようとする、そんな和やかな感情で満たされていた。

私たち二人は、その後、あっという間に、いっしょになることをおたがいに感じ、理解し合うようになった。初めて会って以来、二人の仲がよそよそしくなることはなかった。

私は感情的にも癒されたため、ソウルメイトとの関係は強固だった。彼との生活では、初めから彼に対して下品な言葉を使わず、無作法をしない、と決めていた。

二人とも過去にはつらい経験をしたため、過ちは二度と繰り返さないと誓っていた。二人は「これまでと同じことをすれば、これまでと同じ結果だ」ということが嫌というほどわかっていた。

私たちはこの決心を誓い合い、法律上も夫婦になることとした。結婚に際し、離婚はあり得ない、と約束し、二人の行き違いはいつも就寝までに解決することを約束した。おたがいに譲り合い、相手がスピリチュアルな面で成長するように手助けした。二人の間にはなんのごまかしもなく、相手を支配しようとする気もなく、身近にいて助け合った。

私たちはチームであり、ベストフレンドとなった。おたがいに頼り合い、ばかげたことでも一緒に笑った。二人は、世間で言う〝完璧な人間〟ではないことをたがいに知っていたが、二人にとっておたがいは完璧なパートナーだった。自分と自分を裏切ってきた人たちをゆるすことができなければ、私たちはこんなすばらしい二人の関係を引き寄せることはできなかった。

このコレット・バロン・リードの話は、ゆるしが2段階のプロセスで展開することを力強く証明しています。つまり、1段階では、私たちを傷つけた人たちを許すこと。そして2段階では、自分が直感を信じなかったこと、あるいは絶望のままに決断をしたこと、また、たくさんのことで自分を責めていたこと、これらをすべてゆるすことです。

マイナスのエネルギーの紐を断ち切るエクササイズ

3章で、あなたが過去の人になお吹っ切れていない場合、その人に手紙を書くことを勧めました。また、その人の立場から自分へも手紙を書くことを勧めました。実際に書いてみましたか？　これらの手紙は、次のステップのための準備ですから、重要なことです。

次のステップは、**過去の未練をきっぱりと断ち切るために、自分をゆるす手紙を書くことです**。これまで、自分を最高の状態にすることができずにそのまま身を任せていた自分をゆるすことは大切なステップであり、それを手紙のかたちにすることも同じように大切です。

書くときは、なるべく具体的に表現します。自分の心を閉ざす原因となった人、出来事など、すべて名前を出します。各段落の終わりには、次の文言を加えてください（○○には、その名前を入れてください）。

「私は、上記のような結果を招いた自分を、完全にゆるします。また、○○の行いも完全にゆるします。私はここで、自分と○○に感謝し、祝福します」

手紙を書き終えたら、大きな声で読み上げてください。そして、ゆるしの感情がもたらす効能を感じ取ってください。おそらく、心に大きな空間ができるのがわかると思います。そして、ゆるしの気持ちが自分に芽生える感じがするかもしれません。

自分に対するそのゆるしの手紙を、**今から10日間、毎日自分に読んで聞かせてみてください**。この読み聞かせを終わってもなんの変化も感じ取れない場合は、カウンセラーやアドバイザー、セラピストなど、外部の助けが必要かもしれません。

いったん自分と過去の人をゆるすことができたら、次は静かに、そして愛情を込めて、それらのエネルギーを切り離します。

自分が親しかった人には、私たちはエネルギーのフックを残している、とエネルギーワークの実践者は説いています。これらのフックは、たとえばファーストキスにより生まれた絆のようにプラスの場合もありますが、喧嘩の後や別れた後に残る心の傷のように、マイナスの場合もあります。

エネルギーの結びつきの力強さについては、あなたもおそらく、これまでに経験しているかもしれません。たとえば、ある人との関係を絶つ決心をし、気持ちを整理したとします。ところが、驚きです。突然、その人が電話をしてきて、「あなたを取り返したい」と言う。さあ、どうしますか？

あなたが別れようと決心したことは、つまり、二人を結んでいるエネルギーの紐を断ち切ろうとしたことです。しかし、恋人がそれを感じ取って、エネルギーのつながりを元に戻そうとしたのです。このようにあなたが前の恋人につながっているなら、新しい人へ全面的にエネルギーを注ぐことはできません。

さらに、否定的なエネルギーのフックが、体の痛みとして実際に現れることもあります。

たとえば頭痛、背中の痛み、その他さまざまな不定愁訴……。しかし、いったんエネルギーの紐が断ち切られると、それらが消えてしまった人を私はたくさん知っています。

では、どのようにしてエネルギーの紐を断ち切ればいいのでしょう。

それはまず、自分自身に正直になることです。そして、心の底から断ち切るという気持ちになることです。**今こそ紐を断ち切るときであるという確信が持てれば、ヒーラーの力を借りずとも、次に紹介する方法で自ら断ち切ることができます。**

かなり前のことですが、私はネイティブ・アメリカンの愛の教本で、女性の子宮の中に「緑の光を放つルミナスの紐」を入れておく話を読んだことがあります。ある女性がエネルギーのフックを外し、解き放つため、洞穴に3日間こもり、瞑想をし、過去に思いを寄せた男性を一人一人思い出します。そして彼らと対話をして、ゆるしを請い、あるいは感謝の気持を伝えます。十分に話し終えたら、次にこれまで男性たちと自分を結んでいた紐を切り落とすのです。

私にはこもる洞穴はありませんが、新しいソウルメイトのために心の中のスペースをつくるため、過去の男性のフックを外す努力をしました。毎日、時間をかけて、次のことをしたのです。

まず静かに座り、瞑想をします。そして、自分がエネルギーのフックでつなげられていると感じている、つまり、かなり未練のある過去の恋人のことを思い出し、心の中でこう伝えます。

「私の前に現れてくれたこと、私の成長をいろいろと助けてくれたこと、私が男の人に求めるべき性格を明らかにしてくれたことについて、感謝します」

そして目を閉じ、相手に話しておきたいこと、相手が自分に言いたいだろうことを心に思い浮かべて話をします。

次いで、自分の子宮の中に入っていき、そこで過去の恋人とエネルギーの紐で結ばれている状態を想像します。そして、**心の目でその紐を見つけて小さなはさみで切り、紐が瞬時にして消滅する状態を想像します**。

この一連のやり方に違和感があるなら(また、あなたが男性の場合)、その紐は自分の第2チャクラ(へその下、中国の気功などでいう〝丹田〟と同じところ)につながっていると考えてください。目をつむり、自分が過去の恋人とつながっている状態を想像し、その人に言いたいことのすべてを言っている様子を思い浮かべてください。次いで、ナイフかはさみを取り出して、紐を切ります。

一度その紐が切られると、以前に発信したエネルギーが新しい人を伴って戻ってくることさえ感じられるようになるかもしれません。

もし、このエクササイズがむずかしいようであれば、次のような儀式はいかがでしょう。これは、スチーブン・コー尊師とエリック・B・ロビンソン医師の共著である『Your Hands Can Heal You』（手をかざして治す）という本で紹介されている手法を、簡略化して取り入れたものです。自分の過去を流して、それらが溝に沿って去っていく様子を想像することはとても気持ちのいいことです。このやり方は、私がこれまでに説明してきたものと組み合わせても効果があります。

まずは次のものを用意してください。

①800グラムほどの塩（エプソム塩以外なら、どんな食卓塩でも可）
②蠟燭
③きれいな大型のバスタオル
④15〜30分の、邪魔の入らないまとまった時間

バスタブに温かい湯を張り、800グラムの塩を入れます。照明は消し、好みの蠟燭2〜3本に火をともします。そしてお湯の中に身を浸し、過去の恋人、一人一人のことを思

い出します。

自分を傷つけた彼らを思い出しながら静かにゆるし、彼らを傷つけた自分にゆるしを請います。彼らのおかげで自分が前向きに生きられるようになったこと、学んだこと、そしてつきあったおかげで自分が賢明になれたことを感謝します。

続いて、エネルギーの紐が彼らと自分を、マイナスの状態でつないでいる様子を想像します。目を閉じ、体のどこに紐がつながれているか、探っていきます。深く息をし、自分と過去の人とのつながりが、ソウルメイトとの新しい出会いを妨げていることを感じてください。

そして、どのようにそのつながりの紐を断ち切るのか、イメージしてみます。空手チョップの格好でも、はさみやナイフで切断しても、どんな方法でもかまいません。紐が切れたら、3回手を叩き、紐を通してあなたに入っていたエネルギーを消してください。

儀式が終わったら、バスタブからお湯を抜きます。そして、シャワーをたっぷりと浴び、体の塩分を洗い流してください。好きな石鹸とシャンプーを使って、髪と体からネガティブなエネルギーも消していきます。

私たちは、過去にしがみつくことがあります。たとえ、その過去が痛々しく、報われないものであっても、ほんとうの愛を見つけるための苦しみのふちから逃れるかのように、過去にこだわるのです。孤独の苦痛を味わう中で、私たちは過去の人をいとおしく思ってしまいます。そして気がつかないままに、活力を消耗してしまいます。

先ほど作成したソウルメイトのイメージ・リストにかなう男性、または女性をもう一度思い描いてください。その人と強いエネルギーでつながるには、自分に可能なすべての手段を尽くすべきです。**あなたが過去にこだわっている限り、現在はあなたに微笑みかけてはくれません**。

さあ、自分のハートを癒すときとなりました。理想の相手と結びつきたいと願うことは、とても強い引き寄せの力となります。あなたの心が開かれているなら、身構えているところがなく、とても魅力的に見えるようになります。

過去のエネルギーのフックを解除することは、宇宙に向かって「今すぐにでも自分の選んだソウルメイトと一心同体になる準備ができました」と発信していることなのです。

「行動」することで出会いの可能性を高める

数年前、私は『Hot Chocolate for the Mystical Lover: 101 True Stories of Soul Mates Brought Together by Divine Intervention』(神さまの思し召しで結ばれたソウルメイトたち――101の実話)を著しました。

この本を書いているとき、ソウルメイトを見つける方法がいくつか理解できました。そして、特に強く感じたことは、たとえ彼らの出会いがとても不思議で神秘的なものであっても、**出会う前には必ず行動があった**、という点です。つまり、自分が〝適切な場所と時間に〟そこにいるようにしていた、ということです。たとえば、それは次の実例でもわかります。

①目的を設定し、行動し、追求した例。

自分が望むソウルメイトのイメージ・リストをつくったうえで、完璧な生涯のパートナーを探すという目的を設定した後は、**周りに手がかりが現れてきていないかどうか、注意し**

ていることが肝心です。企業のCEO（最高経営責任者）として成功し、講演などでも活躍している私の友人、ショーン・ロウチは、自分のソウルメイトを次のようにして見つけました。

ショーンは36歳になり、自分は果たして相手が見つかり、家庭を持てるのだろうか、と焦り出していました。週に少なくとも2回は出張があり、めったに家に落ち着いていることもなく、また、一つの町もせいぜい1日、2日の滞在でした。こんな生活でいい人にめぐり合えるのかどうか不安でした。

そんなショーンに、私が開発したいくつかの手法を伝授することになりました。彼は半信半疑ながらも、まず、完璧な相手を探すという目標を設定して、楽しげなカップルが浜辺の砂に身を横たえている写真や、裏庭のバーベキューの炉のそばでのんびり過ごしている絵などを集め、トレジャー・マップをつくってみました。特に思い入れが強かったのは子どもを肩車しているある男の人の姿で、彼はその写真を毎日使うiPodや、携帯電話の待ち受け画面にするほどでした。

ある日の午後、ショーンは講演が予定されているフロリダ州オーランド行きのフライトに乗りました。いつも機内では仕事やメールを片づけたりしているのですが、その日はピアという客室乗務員が赤ワインのグラスを持ってきてくれたので、彼女のことを覚えたのでした。

オーランドに到着し、その24時間後、彼は西海岸に向かって飛んでいました。気がつくと、帰りも同じ客室乗務員のフライトでした。離陸後1時間ほどすると、ある乗客が大声で叫び出し、今にも客室乗務員に飛びかかろうとしています。ショーンが助けようとしてそこへ急ぐと、ふたたびピアと目が合ったのです。

そして、二人の瞳から発せられた〝チカチカ〟の火花を目ざとく見つけたほかの客室乗務員が、こう言いました。

「ショーンさんのご褒美は、ピアの電話番号ね！」

ショーンは番号を教えてもらい、1週間後に電話をかけました。最初のデートから、二人はもう何年も前からの知り合いだった気がしていました。

②学生時代に大好きだった人との再会で結ばれた例。

「あの人、今ごろどうしているのかしら？」と、これまで何回も考えたことがあると思います。クラス会で再会して、本当の愛を見つけた人は大勢います。あるいは長い間音信不通だった人に連絡をとったことから、ソウルメイトに出会ったケースもあります。

最近私は、チャーリーとキャロライン夫妻の話を聞きました。二人とも60代ですが、クラスメイトを探すインターネットのサイトを見て再会し、その後、**高校を卒業した43年後に結婚しました**。「今でも信じられないわ」とキャロラインは語っています。「もし、10年前ならパソコンはなく、再会できることは、ほんとうに偶然しかなかったわけですから」

今は技術のおかげで、このような再会がいとも簡単になりました。

③（私を含め）たくさんの人は、いつ、どこで、どのようにして自分のソウルメイトと出会うのか、その夢を見たり、予兆を経験している。次の話は、それらの手がかりをもとに、行動を起こした例。

イギリス人のデビッド・ブラウンは、5年前のある朝、目を覚ますと、頭の中で携帯電話のメールアドレスが点滅していました。いったい誰のアドレスなのかは、皆目わかりませんでした。しかし、ともかくメールを出してみることにしました。

すると、そのメールはミシェル・キトソンという、100キロメートルほど離れたところに住んでいる女性に届きました。彼女もなぜ自分のアドレスがブラウンの頭の中に映し出されていたのか、理由はわかりませんでした。

何回かやりとりをした後、二人は会うことになり、そして愛し合うようになったのです。二人は最近結婚し、インドへのハネムーンから戻ったばかりです。

このような実話は、**自分の夢や直感を信じ、宇宙が私たちを本当の愛へと導いてくれると信じるべきだ**と気づかせてくれます。

④多くの人は、ほかに計画があっても、なぜかある特定の場所に赴いてしまうことがある例。

ある女性はとても落ち込んでいたのですが、ある日、水族館へ行かなければならないという衝動にかられました。それまで彼女は水族館へ行ったことがなく、そのときもほんとうの自分の意思ではなかったのです。

しかし、彼女は行きました。そして、イルカの調教師と出会い、彼に恋をするようになったのです。二人は結婚し、今、ハワイで幸せに暮らしています。

もう一人の女性は、あるパーティの招待を直前になって受けました。その夜はあまり乗り気ではなかったのですが、彼女の心に、出かけたほうがよいとせき立てるものがありました。そして、後に夫となる人と出会ったのです。

「自分はブラインド・デートに出かけるようなタイプではない」と思っているたくさんの人も、友人や知人にお膳立てされて初めて会う人とデートをしています。そして、キューピッドの矢が自分に刺さっていたことを知るのです。

⑤インターネットの出会いサイトで最愛の人と出会った人の例。

インターネットの出会いサイトで将来の夫と出会った人を、私は何人か知っています。ある最近の記事では、2011年までにアメリカ人の8割がネットに参加し、自分自身のプロフィールを公開していくだろうと解説されていました。

もし、この便利なインターネットを使いこなせないためソーシャルネットワークは利用できない、と考えているなら、私の80歳の義母のことを思い浮かべてください。義母は少しだけ使い方を手ほどきしてもらいましたが、自分でインターネットを使えるようになり、**ついに、生涯のパートナーをマッチ・コムという出会いサイトで見つけたのです。**

⑥大胆な行動をとり、最愛の人と出会った人の例。

楽しみや冒険はソウルメイトに出会ってから一緒に楽しもうとして、先延ばしにしている例をよく耳にします。そんな人のことを聞いて思い出すのが、鯨が大好きなある男性の話です。

あるとき彼は、ほかの旅行者といっしょにカヤックを漕いで鯨の間近まで行き、ホエール・ウォッチングをするツアーに出かけました。でも出会ったのは鯨だけではなかったのです。隣で自分のソウルメイトになる人がパドルを漕いでいたのでした。

また、外国旅行でロマンスと出会うなど、予想もしていなかったことを体験することになる人たちもいます。たとえば、ビビアンはボストンから、そしてマイクはミネアポリスから地中海のクレタ島にやってきて出会ったのです。愛の舞台は、ほんとうに壮大だとは思いませんか？

時として、大胆な行動や、心の赴くままに動いたことが、実際に最愛の人の玄関までたどり着いてしまうことにもなります。たとえば、ガブリエールの例です。彼女は私が教えていたマーケティングの授業をとっていた若い女性で、子どものころからスペイン語を勉強することに一生懸命でした。そして、自分にスペイン語を話せるように忍耐強く教えてくれて、その後、メキシコへ連れて行ってくれる恋人を見つけることが彼女の夢となっていました。

私がこの話を聞いたとき、**そんな人が現れる日を待たないで、学びたいという熱情のままに行動するようアドバイスしました**。どうなったと思いますか？

数年後、ガブリエールから連絡が来ました。彼女は近くのコミュニティー・カレッジのスペイン語コースに通い始め、そこで新しい友人ができ、その人が彼女の今のフィアンセを紹介してくれたのです（そう、フィアンセはスペイン人でした！）。

孤独感を埋めるための「行動」は逆効果！

これらの実話に共通することは、ソウルメイトが現れる正確な日時をコントロールすることは不可能であっても、**自分の生活を積極的に出会いに仕向けていけば、ソウルメイトの出現の可能性を高めることができる**、ということです。

これは、いったん棚上げしておいた自分の関心をもう一度追求するようなものです。何を期待して待っていたかにかかわらず、行動に移すべきなのです。

テニスが大好きだったのに、何年もラケットを握っていないなら、テニスクラブに入会したり、レッスンを受けたりしてください。自然の中で最愛の人とトレッキングする夢があるなら、まずはガイドつきのツアーに参加してみてください。あるいは仕事の後、海辺やレクリエーション施設などに足を運ぶことを日課にしてみてはいかがでしょうか？　読書が大好きなら、読書会のサークルに入るのも一案です。

行動を起こすことがためらわれる場合は、次のように考えてみてください。

「自分の関心を追求するために積極的に動き始めた場合、最悪の事態が起こるのだろうか？」

おそらく、行動した結果、あなたはもっと幸福で、もっと健康で、もっと知的になり、おもしろい人たちと知り合うことになるでしょう。そして、あなた独自の好みのことを、宇宙に向かってより明確に発信していることになります。

では、ソウルメイトとの出会いを早めることにつながるさまざまな活動に、可能な限りの時間を割き参加すべきなのでしょうか？　そうではありません。自宅にこもっていてはソウルメイトが自分を見つけられないから、という懸念があるために、毎晩のように出かけるなら、それは大切なことを勘違いしています。つまり、**自分からやる気になった行動と、強要された行動では大きな違いがあるのです**。

ここで言う〝やる気になった行動〟とは、あなたを魅力的にさせ、仲間と一緒にいることを楽しみ、さらに今経験している喜びを倍増させるような何かをやることです。

一方、〝強要された行動〟とは、孤独感や絶望感、あるいは恐れを埋めることを目的に、行動することです。「引き寄せの法則」では、「類は友を呼ぶ」という言葉があります。あなたの行動が空虚なところから生まれているなら、引き寄せるものも空虚なものになる可能性が高くなります。

ものごとは、なんとかなるものです。**行動を起こすようにサインが出ているときには行動を起こし、逆に、やる気がないときには無理をしないことです。**

私の親友で、ニューヨーク・タイムズ紙の書評欄でベストセラーとして取り上げられた『運命力レッスン――毎日を気持ちよくポジティブに生きて』の著者、ペギー・マッコールは、愛はあなたが何もしないときに微笑みかけてくるときがあることを、次のように体験しました。

離婚の後、自宅をオフィスにしてインターネットで仕事をしながら子育てをするシングルマザーとなった私は、人と直接会うことがめっきり少なくなった。住んでいるところもファミリーばかりの住宅地で、相手のいない独身者など一人もいない環境だった。

それでも私は、自分のソウルメイトはどこかにいるはずと思い、何年もその到来を待ち続けていた。しかし、自宅で仕事をし、ほとんど毎日隔離されたような生活では、ソウルメイトが私を見つけてくれるわけがないとも懸念していた。やがて私は、どこから、どのようにしてソウルメイトが私の生活の中に入ってくるのか知りたい、という気持ちもなくしていた。

そんな1月のある日、私は次のように考えた。

「ソウルメイトと私は、それほどの努力をせずとも、いずれ、簡単に、完璧な出会いをする」

そして、この文句を毎日のように唱え、なんの疑いもなくこの言葉を信じるようになった。

それからしばらくしたある日、私は愛犬のノエルを連れて散歩に出た。隣の芝生の庭にいた犬を見つけたノエルは、その犬にあいさつするためか、駆け寄っていった。そして、飼い主が家から出てきたその瞬間、私はこう思った。

「まあ、なんてすてきな男性なんでしょう！」

私たちはしばし言葉を交わしたが、その間に私はこうも思った。

「この人、私が一緒にいたいと思うタイプだわ」

彼は穏やかで、親切そうで、思いやりがありそうで、犬が大好きな様子がありありだった。その上、ハンサムで男らしかった。そのときから、私は何かが起こるように働きかけたい気持ちを抑え、神さまを信頼し、その人――隣人のライトさんが私の人生にいつ近づいてきてもいい心構えをして待った。

そしてある雪の朝、私の家のチャイムが鳴った。ドアを開けると、そこにいたのはライトさんだった。彼の仕事はパイロット。いつも犬の世話を頼んでいる人の都合が悪くなったので、留守の間、私に犬を預かってほしいと言う。

数日後、仕事から戻った彼に私は「コーヒーでも」と招き入れた。その後の出来事は、今となれば重要なことではないけれど……私たちは恋をし、その2年半後、結婚した。

自分の直感を信じて動いてみる

ソウルメイトが自分に向かって進んでいることを意識しながら毎日を過ごすようになったら、少しでも楽な気持ちでソウルメイトと会うための振る舞いについて、日々、意識してみることにしましょう。

①毎日は感謝の祈りから始めます。自分の心の照明の輝度を〝高〟にします。会う人々に

は笑顔を振りまき、愛想よくします。会う人が誰であろうと——男性、女性、子ども、あるいは嫌な人でも——気持ちを伝えます。そうすれば自分も相手の人も、すごくいい気分になり、その上、あなたはとても魅力的に映ります。

さらに言えば、**ソウルメイトがあなたを一日中観察しており、あなたの他人に対する接し方を評価していると考えてください**。あなたは周囲の人に対して、親切で、思いやりがあり、注意を払っていますか？　自分に問いかけてみてください。

「もし自分のソウルメイトが隣にいたら、自分の行動はどう変わるのだろう？」

さあ、今日から行動を改めましょう。

②この本にある課題をこなして、パートナーに望むことがらがはっきりとわかった場合、**その内容を友人に知らせておきます**。

③**一人で出かけることを尻込みしないこと**。一人喫茶店でコーヒーを飲んでいたとき、ソウルメイトと出会ったという人はたくさんいます。

④**日々の生活のリズムを変えてみてください**。ほとんどの人は目隠しをして、目の前に何

があるのかも気づかずに、オートパイロットで生活しているようなものです。1日に1回、せめて一つのことでも異なるやり方でやってみてください。

たとえば、フィットネスジムなら、別の町の新しいジムはどうでしょうか。ジョギングや散歩の場合、あるいは自転車で走る場合は、別のルートを試してみてください。新しいヨガの教室へ行ってみたり、別の食料品店で買い物をするのもいいでしょう（私の知っているすてきな夫婦は、会員制スーパー「コストコ」のパン売り場で出会っています）。

なぜ私が、新しいことを試すことを提案しているのか？　その理由は、新しいことをするには新しい場所に行かなければならず、その結果、より周囲に気を配るようになるからです。新しい場所にいる機会が多ければ多いほど、自分に気づいてくれる人を増やすことができるのです。

⑤同時に起こる出会いには、自分の直観を信じて行動しましょう。先日、映画版の『ザ・シークレット』を監督したドルー・ヘリオットと彼のフィアンセ、ジェニー・ケラーと話す機会がありました。ドルーとジェニーは、直感を行動につなげて驚くべき結果を引き出す「引き寄せの法則」を使って出会った、とてもすてきなカップルです。

ドルー「僕は4年間つきあった恋人と、2006年に別れた。別々の生き方をしたほうが二人のためになると判断したんだ」
ジェニー「その年、私は中西部からロサンゼルスに移ってきたの。在籍していた博士課程は、どこで学外研修をしてもいいことになっていたから、この機会に1年ほど別の生き方をしてみたくて。こんなチャンス、そうはなかった。でも、引っ越してから1ヵ月で、2年前からつきあっていたボーイフレンドとは終わってしまった。それで私は、次はどんな人がいいのか、考え直してみることにしたの」
ドルー「というわけで、ちょうど同じ時期に、僕たちはおたがいの存在を知らないままそれぞれの部屋にいて、求めるパートナーのイメージを描いていたんだ。僕の場合はイメージ・リストを紙に書き出し、ジェニーは彼女流にスプレッド・シートに打ち込んでいた」
ジェニー「そう、表にするのがいいと思ったの。スプレッド・シートには、縦に『絶対必要』『あればいい』『我慢できない』という項目欄をつくったわ」
ドルー「女性に求める項目を明確に書き出した後、僕はゆったりと座り直した。そのときはまるで、おいしい料理を注文してそれが出てくるのを心待ちしているような、そんな気分だったよ。僕はソウルメイトが、〝いつ、どこで、どのようにして現れる〟ことについて自ら希望することは諦めていた。すると、約3カ月後、神さまは二人のすばらしい出会いをセットしてくれた。ジョン・ディマティーニ先生（『ザ・シークレット』の登場人物の一人）の講演のとき、僕の前の席に座ったのがジェニーだったんだ。先生の話の内容は、神話や空想に頼らないで真の親しさを生む方法についてだった」
ジェニー「私はあの晩、講演には行かないつもりだった。仕事から帰って、すぐに横になって眠ってしまった。しばらくして目が覚めると講演までには時間があって、着替えて出かけても間に合いそうだった。頭が半分ぼうっとした状態で、行かない理由をあれこれ挙げていたわ。『今日はもう疲れた、誰かと約束しているわけでもないから……』といった言い訳。けれど、『行かなくては』という内なる声が聞こえたの。この声は初めて聞くものじゃなかった。これまでにも同じ声で、『何かが待っている』と私に話しかけたことがあった。だからそのときも声に従って、身だしなみを整えて出かけたわ。会場に入ったとたん、彼が見えた。というか、私たちは同時に会場に入ったのよね。そして、彼は私の後ろに座った。『なかなかいい男』と思いつつ、講演を聞いていたんだけど……」
ドルー「君はくるっと体を回し、初めて僕らは言葉を交わしたね。なんと美人で、明るいこと！」
ジェニー「講演が終わると、ドルーはディマティーニさんのところへあいさつに行った。私は帰ろうとして立ち上がったんだけど、ドルーとディマティーニさんが話をしているのを見て、勇気を出して『コーヒーでもいかがですか?』って言ってみようと思ったの。そこで、ディマティーニさんの本を1冊買って、二人のいるステージへ向かったわ。サインは別に欲しいわけじゃなかった。ただ、ドルーに近づきたかっただけ(笑)」
ドルー「そのために本を買ったの?」
ジェニー「そうよ! この話、言ったことなかった?」
ドルー「なんて嬉しいこと。知らなかったよ(笑)」
ジェニー「ディマティーニさんがサインをしてくれているとき、私とドルーは見つめ合っていた。でも、私には声をかける勇気はなかった……」
ドルー「僕もあのとき、どうすればいいのかまるで見当がつかなかったよ」
ジェニー「結局私は手を振って、〝さようなら〟の仕草をして、その場から離れたわ。それから10日後よ、私はある結婚式に出席することになった」
ドルー「そう、そして僕も同じく招かれていた。あの結婚式で君の姿をふたたび見つけたとき、これは何かのメッセージだなと感じたよ」
ジェニー「ドルーが私の前の席に座ったとき、まさかという思いで信じられなかったわ。私が椅子を軽く蹴ると、振り向いてびっくりし、また会えて嬉しそうな顔をしていた。でも、即座にあなたの口から出た言葉は『大変! 後ろの髪にジェルを塗ってこなかった！』だった（笑）」
ドルー「そう（笑）。とても面食らったよ。あのときは、頭の後ろをずっと見つめられているような気がした」
ジェニー「それから電話番号を教え合ったのよね」
ドルー「君は、僕のソウルメイトのイメージ・リストに載っていた条件をすべて持っていた。後でわかったことだけど、君も自分のソウルメイトのイメージ・リストをつくっていて、僕もそのリストにぴったり適合していた」
ジェニー「ほんとうに、すばらしいわ」

……こうして彼らは恋に落ちたのです。

このエピソードには、私たちが学ぶべきところがたくさんあります。自分はいったい何が欲しいのかをマニフェストする、つまり、はっきりとしたかたちにするためには、私たちは自分の直感が指し示すことに注意していることが肝心だということです。また、それ以上に重要なことは、**その直感に行動が伴うことです**。

ときどき直感というものは、想定外の行動を要請することがあります。もしジェニーが講演に行かず、自分の家でくつろいでいたら？　もし講演の後、ドルーの立っていたステージへ寄らずに帰宅していたら？　今ごろどうなっていたのでしょう。ジェニーが勇気を出して、本能に従ったことが、完璧なパートナーを見つける結果につながったのです。

アフリカにはこんなことわざがあります。

「足を動かしながら祈ろう」

祈るときは、行動を伴うことが大切という意味です。

マニフェステーションも同じように、直感と行動のバランスをとることが肝心です。もし自分の直感が「リラックスする時間だ」と言えば、行動はさておきリラックスすればいいのです。そして、心から「行動を起こしたい」と感じるようになったら、全力で行動すればいいのです。

8章　「待つこと」を楽しむ

これですべての準備が整いました

庭に種を蒔き、芽が出てきて葉が広がり始めても、早く大きく育てようとして毎日その葉を引っ張るような人はいません。自然がその役目を果たし、時がくれば花を咲かせてくれることを信じているからです。

ガーデニングを楽しむ人と同様、あなたも種を蒔き、自分の人生に愛の花を咲かせる準備を整えました。自分が一緒にいたい人とはどんな人なのか、明らかに示しました。自分の内なる声を聴きました。自分の居心地のよい行動範囲から外に出て、行動をしました。そして、自分の家の中と心の中に、ソウルメイトのためのスペースを確保しました。

あなたの準備はすべて整っています。今はリラックスし、ゆっくりと日々を楽しみましょう。すると、やがて時がきて、蒔いた種が花を咲かせて実をつけます。この時点では、どうかこの旅の中で楽しみを見つけ、ソウルメイトの到来を心待ちにしてください。

私はこの本を書いているとき、夫のブライアンと、彼の50回目の誕生日を祝うためにフランス領ポリネシア諸島に出かける準備をしていました。日程や現地での計画を十分に練ることができるよう、数カ月前にツアーの申し込みをしました。期待はどんどん膨らんでいきます。

もちろん、楽園での10日間は夢のようです。しかし、その前にいろいろと準備する日々もまた同様に楽しめます。買い物をし、荷造りをし、島の地理や歴史をガイドブックで読んでいると、もう旅行が始まったような気分になります。持っていくものを考えたり、留守中に必要な仕事のために出かけたりすることは、すべて、旅行という喜びの頂点として実を結びます。**「待つことを楽しむ」というのは、こういうことです。**

もう一つ、例を挙げます。友人のクローディアは、家族や友だちに振る舞うおいしいご馳走をつくることが大好きです。でも、お客さんがおいしそうにその料理を味わっているのを眺めることよりも、彼女が好きなことは料理の献立や、新しいレシピ、あるいは好きな食べ物の組み合わせを考えることなのです。また、専門店へ出かけて、新鮮な食材を探すことを楽しんでいるそうです。誰を招くとか、ワインはどれにするかとか、どんな趣向にするかとか、そんなことが楽しいと説明していました。そして料理しているときには音楽をかけ、家中に漂う香りを楽しむのです。

彼女はそれぞれの友だちにぴったり合う料理を選ぶことに誇りを感じているようです。チリ出身のキャロライナには南米料理、スパイシーな料理が好きなナンシーとジェーンにはタイ料理をつくります。

クローディアは、ディナーパーティのホストとして準備しているとき、自分でも生き生きしているのがよくわかる、と言っていました。彼女にとって、食事の支度をすることは、食べることと同じように、あるいはそれ以上に、楽しいことなのです。

クローディアと同じように、**あなたも自分にぴったりのソウルメイトを引き寄せるための準備を楽しんでもらいたいと思います**。「自分のソウルメイトはどんな人だろうか？」「出会いのときはいつだろうか？」と考えるたびに、二人の出会いの瞬間にあなたは近づいていきます。あるいは、ソウルメイトに出会いたいという焦燥の中で、いつまでも待ち焦がれていることもできます。どんな日々を過ごすか、それはあなたが選ぶことになります。

そうは言うものの、すでに準備ができたのにソウルメイトが現れていない現実を、受けいれがたいと思う気持ちは私もよく理解できます。こんな時期に、結婚式やディナーパーティ、たくさんの家族同士の集まり、休日などは、ほんとうにつらいものです。ですから、自分で心をしっかりと奮い立たせることが重要になってきます。

私は以前、ある女性のエピソードを読んだことがあります。その人はまだパートナーが見つかっていなかったのですが、クリスマスの休みには創造的なことをしてみようと決めました。瞑想をし、自分がすでに数年間結婚している状態を想像したのです。また、二人が結婚する前の、別々の生活を想像してもみました。そして、こんなすばらしい質問をしました。

「過去に体験したことの中で、今度ソウルメイトと一緒に楽しむには、どれがいいかしら？」

この質問は、彼女に新しいものの見方をさせることになりました。そして、たくさんのことがらが彼女の心に浮かぶようになったのです。

この新しい視点から彼女は、他人に対する自分の深い思いやりや寛容さを、自分のソウルメイトに理解してもらいたいと願うようになりました。そして、母子家庭を援助している団体のために、衣類のバザーを計画し、運営するまでになりました。

また彼女は、ソウルメイトには自分が楽しいと思うことや旺盛な冒険心も理解してほしいと願っていました。そして、女友だち2、3人とクルージングも楽しんでみようと思ったのでした。

そして次に彼女が実行したことは、ほんとうにすばらしいことでした。〝1997年のクリスマス〟を、写真にたくさん収めておこうと思ったのです。**そして写真のスクラップブックには、「あなたを待っていた、1997年のクリスマスにしたこと」とタイトルを書きました。**

彼女のそのスクラップブックには、写真だけではなく、「私のこんなこと、知っていた？」

と題したページもありました。高校生のとき、バトントワラーであったこと、10歳のとき、近所を回って捨て犬や捨て猫を保護したこと、12歳のとき、エルトン・ジョンにのぼせていたこと……未来のソウルメイトに見せるため、そんなことを書き込んでいったのです。このスクラップを作成するのに、彼女はクリスマス休暇のほとんどをあてていました。

そしてあるとき、突然、自分のソウルメイトが未来から現在の自分を見つめているように思ったのです（後でわかったことですが、そのとおりだったのです）。その結果、自分の行動計画をもっと慎重に練り直し、完璧なものに仕立て上げました。彼女がソウルメイトと出会ったのは1998年の夏でしたが、すでにその前年のクリスマスのときから一緒に過ごしていた、と彼女は言っています。

もし自分の理想の人との初めてのデートが数カ月先に予定されていると知っていたなら、今、何をすべきでしょうか？ 次のフィーリングゼーションでは、将来、パートナー同士となった自分たちの目で現在の自分たちの姿を見てみましょう。

5年後の自分から今の自分を見るフィーリングゼーション

家の中で、静かで落ち着けるところに座り、目をつむり、リラックスしてください。そして、2、3回、深呼吸をします。緊張をほぐしながら自分が椅子に溶け込むように感じてください。ストレスが自分の体から流れ出て、床に消えていくイメージです。

リラックスするときは、全身をくまなくスキャンし、調べるイメージを持ってください。温かいところややわらかいところがあることに注意します。呼吸をするときはやわらかいところへ息を集め、そしてその息を全身に広げ、息が全身を包む感覚を想像します。

次は、5年後の自分を想像してください。最愛の人と一緒に、すてきな静かな場所にいる様子を心に描きます。たとえば、ろうそくに照らされた二人用の食卓に、二人で座っているところ。あるいは、ベッドに寄り添って寝ているところ……。

次に、自分はどこにいて、何をしているのかといった、あなたなりの細部についても演出してみましょう。そのとき、あなたは結婚していますか？　子どもは？　いろいろな場面を楽しみながら想像してみましょう。この時点でもう、ソウルメイトと一緒ですから、あなたの夢はもうかなっていることになります。この幸福感を全身で味わってください。

続いて、ソウルメイトの目を見つめている自分を想像してください。そして、二人が出会う直前、自分は何をしていたのか、思い出しましょう。独りでいたときの生活の中で、どんなことをソウルメイトに話したいですか？　ソウルメイトの到来を心待ちにしていたころの日々、あなたはどんなことをして楽しんでいましたか？　ソウルメイトと深く、強く、つながっている状態から、当時を振り返って考えてみます。**独りでいたとき、何が楽しみであり、何が自分を輝かせ、そして何を誇りに思っていたのでしょう。**

自分が最高の状態だと思えるのは、ほんとうにいいことです。それがパートナーに出会う前のことであったとしても。パートナーがあなたに出会い、恋をするだいぶ以前、あなたは自分と自分の人生に恋をしたのです。毎日の生活を最大限に楽しみ、どこへ行っても、ベストな自分がありました。

このような気持ちが強くなると、まるで大きな美しい泡が全身を包んでいるかのように形や色彩を伴ってきます。喜びにあふれた期待はどんな色でしょうか？　その期待が自分のハートを包み込み、ハートに入り、目や全身から発信されています。

このときすでに、あなたとソウルメイトはつながっています。あなたが喜び、幸福感や楽しみを感じるとき、この喜びの泡が輝く灯台となって、あなたのソウルメイトを道案内してくれるのです。毎日のすべての生活が大切です。今の生活を最大限活用するかどうかは、あなた次第なのです。

……楽しい気持ちを持続したまま、もう一度現在に戻ることにします。日々の生活を有意義に送っているとき、自分はパートナーと一緒であると意識しましょう。**あなたがパー**

トナーの到来を待っているとき、そのパートナーもあなたが現れることを待っているのです。息を大きく吸って、待つことを楽しみましょう。

最後にもう一度、長く、大きく息を吸い、吐くときには祈るように両手を胸の前で合わせ、喜びにあふれた期待の中に自分を置きます。そして、すべてのプロセスが完了したら、目をゆっくりと開けます。

まず自分を愛せなければ、他人を愛することはできない

マハトマ・ガンジーは、こんな言葉を残しています。

「世の中に変化を起こしたいのなら、自分がその変化にならなければならない」

自分のソウルメイトのイメージを明確にするとき、この名言を当てはめるなら、「ずっと探し求めていた恋人、友だち、遊び相手、パートナー、そしてソウルメイトに自分自身がなる」ということになります。まずは、あなたが成長すること、自分を愛すること、自分の持てる力の最大限を尽くすことを決めれば、愛やすばらしい関係につながるチャンスは、どこからともなくやってきます。

自分がソウルメイトに求める資質を考えているときは、**「それでは、自分自身はどうなんだろう？」と問うことも大事です**。もし、相手に求める資質に見合う生活を今自分がしていないのなら、そんな資質を自分自身に取り込むにはどうすべきなのか考えてみることです。太陽の暖かさで種が芽を吹くがごとく、私たちのよい資質も気の配り方次第で成長します。

次にその例を挙げてみます。

あなたはやさしく、献身的で、親切な人と一緒になりたいと思っているとします。その場合、あなた自身が身の回りの人に、やさしく、献身的で、親切な人にならなければなりません。そんな性格を発揮できる機会を一生懸命に探すことです。相手の人は、店員さんでも、郵便配達人でも、電話のコールセンターの人でもけっこうです。しかし、もっとも重要な相手は自分です。

親切で愛情のこもった振る舞いをする人をソウルメイトに求めているなら、毎日、毎時、毎分、自分自身に対してそういった振る舞いをすることです。それも、これから先の話ではなく、**今、この瞬間からです**。

続いて、こう自分に質問しましょう。

「もし私自身が自分の愛する人であるなら、私はほんとうに自分を愛することができるだろうか？」

もしこの答えが「ノー」なら、自分が愛することのできる人物に自分を近づけてください。こんなことわざもあります。

「自分が笑えば世間も笑う」

自分で自分を愛することができれば、自分のところへ世界中から愛が集まってくるのです。

次のエクササイズでは、求めている性格に自分が近づくための手順を説明しています。まずは次のものを準備してください。

①数枚の紙と筆記具
②座り心地のよい椅子
③30分間ぐらいの邪魔の入らないまとまった時間

あなたは今、自分の資質のトップ10をリストアップしていると仮定しましょう。自分が持っているもっとも愛すべき資質とはなんだろうかと自問し、答えに窮したら、ほかの人たちが賞賛してくれそうな資質を思い浮かべてください。寛大、哀れみ深い、親しみのある、親切、思いやりのある、思慮深い、おもしろい、おかしい……などです。それらを紙に書き出してください。

そのリストには、理想の自分の姿が表現されるように、何度でも推敲してください。他人は誰もこのリストを見ることはありませんので、躊躇する必要はありません。

さて、いったんその魅力ある10項目の性格リストができたら、次は日々実行するための声明文を作成します。それはたとえば、次のように書きます。

「私は情熱的で、思いやりがあり、愛情に満ちていて、親しみがあり、人の助けになり、冒険心があり、育てることが好きで、色気があり、スピリチュアルに神とつながって生きていて、いつも自分のすべてを愛している」

このときは鏡などを使って、自分の目を見るようにしてください。おわかりのとおり、これはとても照れくさいものです。しかし、しっかりと実行することが肝心です。

さて、最高の自分を引き出すために、自分の動機を探る必要があります。これはソウルメイトのためではなく、達成したときの自分自身の幸福感と満足感のためです。これができれば、望むものはなんでも自分に引き寄せることができる特別な秘訣を身につけたことになります。

もし、自分に恋をするという考え方が、利己的で自分のことしか考えていないと言うなら、そうではないと私が請け合います。こう考えてください。もしあなたが自分を愛することができないなら、あるいは自分しか持っていない正直で愛くるしい性格を自分で褒め称えられないなら、どうしてソウルメイトがあなたを愛し、褒めることができるでしょう。簡単なことです。**自分が自分を愛することができれば、あなたは異性にとっても、とても魅力的なのです**。

このごろでは、自己愛のことがよく話題になりますが、私はこの言葉の概念をもっと具体的に理解しています。

たとえば飛行機に搭乗すると、客室の気圧が急降下したときには他人の酸素マスクの世話をする前に、自分がまず酸素マスクをつけるように客室乗務員が説明すると思います。なぜかと言うと、客室の気圧が下がると、乗客は6秒ほどで意識を失うからです。この間にマスクを着けなければ、他人を助けるどころではなくなります。

この例は、自己愛について雄弁に語っています。もしあなたが自分に対して、十分な愛や、正しい自己評価、健康的な食べ物、前向きな思考などを与えられないなら、他人にそれらを与えるようなことはできません。

自分を愛するということは、他人のニーズに対して気を配ることと同じように、自分のニーズに対しても気を配ることです。つまり、自分がもっとも大切な人であるとして世話をすることを意味しています。

自分をほんとうに愛することができるのであれば、あなたはもはや自分の価値観を曲げるようなことはしなくなります。その例を、私の友人でマーケティングの達人でもあるステファニー・ハルトマンのケースで見てみましょう。そう、2章で紹介したエピソードの続きです。

自分の価値観は曲げないように

ええ、認めるわ。私は「完璧なソウルメイトがいればいいな」とは思っていたものの、たくさんの若い女性たちと同じように、心の底では「そんな出会いはあり得ないわ」と信じていなかったのです。

でも、母はよく言ったものです。

「下を見たり、後ろを振り返ったりしないで、前だけを見るの。そうすれば、幸せが自分を見つけてくれるから」

そう、幸せは実際に私を見つけてくれたの。私が追いかけることをやめたら、すぐに。

私がどのようにして私にぴったりのソウルメイトをマニフェストしたか、お教えします。簡潔に言うとこうです。私はあれ以来、「ミスターほぼ合格圏」という部類に属する男性とはデートをしないことに決めました。また、「ミスター可能性あり」も諦めました。そして、「ミスター本命」の登場を待ったのです。友人にも大きな声で、「私はすてきな人で、自分が大好き。だから、もう決して妥協はしないの！」と公言しました。

私のソウルメイトが備えているべき性格のリストもつくりました。また、私が容認できない性格についても書き出しました。リストの作成にあたってはまず、自分自身のことをよく分析しました。私には人に与えるべき愛がありました。でも、もはや相手がいませんでした。昔とは、たいへんな違いです。

相手が最初からターゲットと違う人なら、つきあっても時間の無駄です。もう私が繕わなくてはならないような男性はいらない。私はもうここまで進んできて、こう言えるようになったの。

「そう、そのとおりよ。もうソウルメイト探しは忘れましょう。女性の友だちとゆっくり遊ぶわ。ヨガをしたり、楽しいことをしたり、一人で散歩したり」

別の言葉で言えば、私は自分の気持ちを大切にするようになりました。

それから1週間ほど経って、親友が私に「ジャロッドという男性と会ってみない？」と電話をかけてきました。その親友も一度だけ、数カ月前にデートをしたことがあるとのこと。「それはありがたいわ」と私は皮肉いっぱいに答えました。「お下がりということね。なぜ、あなたは続けなかったのかしら？」

今となっては親友が、初デートの前に私の夫候補を選り分けておいてくれた、と冗談混じりに言っています。親友はジャロッドとインターネットを介して知り合ったものの、二人はお互いビビッと感じたり、惹かれ合ったりすることはなかったそうです。

結局私はジャロッドに、土曜日に夕食を一緒にいかがと提案をすることになりました。ですが、彼はまずコーヒーにしましょうと言う（独身男性は、初めてのデートで失敗することが多く、貴重な土曜の夜をそんな失敗で潰したくなかったのでしょう）。喫茶店での初めてのデートがうまくいけば、次にはディナーに招待しますので、と言っていました。

「〝デートの格下げ〟を味わうなんて……」

私は自分のエゴがいきり立ってくるのがわかりました。たくさんの男性が私とデートをしたくて順番を待っているというのに、この人、まったくそんなことを知らない！　彼の提案は私を怒らせ、私は意固地になって、この男、いったい何さまのつもりかしらと、正体を突き止めたくなりました。

私は少女がリベンジを図っているかのように、最近買っておいたデート用の勝負服ではなく、ジーンズにタンクトップ、ビーチサンダルで出かけました。「私、まるで期待していないのよ」という気持ちを、これ以上うまく表現できないような服装でした。自分の才気に満足しながら、彼の登場を待っていると、ノックがあり、私は店の個室のドアを開けました。

ドアを開けたまま、私たちはしばらく黙って見つめ合っていました。彼はこう考えていたそうです。

「わーい、彼女、大当たりだ！」

私はと言えば、彼がきちんとスーツを着ているのを見て、「なんとまあ、私、服装を間違えちゃった！」と考えていました。私たちのファーストデートは、コーヒータイムを優に超え、8時間もお喋りに興じていました。コーヒーとディナーの間には、私は彼にちょっと待ってもらって、着替えに帰りました。例の勝負服に替えてきたのです。……二人のつきあいはこのようにして始まったのでした。

私たちは、デートの場所などの好みは違っていましたが、二人ともに〝ほぼ合格圏〟に分類される人とは結婚したり、あるいは真剣な仲になるようなことは避ける決心をしていました（彼もまた、痛恨の別れを経験していたのです）。2回目のデートをした後で、このミスター独身は、彼の親友に向かって「相手が見つかったので結婚する」と伝えたそうです。

「まるで運命の神が僕に完璧な女性を贈ってくれたようだ。僕の人生もこれで変わるだろう。あの人は僕が人生を共にする女性だとわかったよ」

彼の親友は、まるで彼に似つかわしくない言葉が彼の口をついて出てきたので、信じられなかったそうです。実際その夜、彼は付き合ってきた何人かの女性に謝りの電話を入れていたそうです。

私たちは婚約し、家を買い、犬も飼いました。そして、会ってから2年で結婚しました。何も急ぐことはありませんでした。すべてがうまくいきました。結婚はすでに既定路線で、ごく自然な成り行きでしたから。

結婚式では、楽しいことがありました。私はジャロッドを笑顔にし、そして声を立てて笑わせ、最後には式の途中で涙まで出させてしまいました。きっと目にゴミが入ったんだ、と彼は言うでしょうね。私は意外と落ち着いていて、チャペルの通路を一気に疾走していくほどの気構えができていました（父が私を制していましたが）。

ジャロッドと出会ってわかったことは、本当のソウルメイトを見分けるには、相手の性格——つまり、心の奥底にある大切な価値観が自分と合うかどうかを知ることでした。ソウルメイトの性格で探すべきところは、「ただいま」と言って帰ってくるような雰囲気があるかどうか、だと思います。

私たちが初めて出会ったとき、二人は前からすでに知り合っていた感覚になりました。会えば心がとても落ち着き、自分を取り戻し、まるでおたがいの心の中に自分の心が休まる場所を見つけた感じでした。

今では私は、誰にでも完璧なソウルメイトが必ず存在すると信じています。そして〝ほぼ合格圏〟に属する候補者のことを諦めれば、次には完璧な〝本命のソウルメイト〟があなたを待っていることがわかると思います。

「引き寄せの法則」を使って自分のソウルメイトをはっきりと確認することは、数字の遊びではありません。それは、自分が望み、自分の愛に見合う愛を見つけられるように、個人的に神さまにお願いすることなのです。

自分の価値基準や価値観を堅持することが自己愛の真髄です。たとえその価値を堅持することが、すてきな相手との束の間の喜びを放棄することであったとしても。そして、この自分を愛することが、他人が自分を愛してくれるための前提なのです。

あなたが自分をもっと深く愛することができるための参考として、私の妹のデビー・フォードがつくったフィーリングゼーションを紹介しましょう。

自分を愛するフィーリングゼーション

あなたが自分自身のすべてを愛することができるようになれば、私もあなたのすべてを愛することができるようになります。

次に紹介するのは、自分自身が、自分の中でもっとも崇高な部分――立派で、慈愛に満ち、ユニークなところ――が好きになるよう意識しながら実行するエクササイズです。

まず、息を大きく吸い、大きく吐きます。呼吸のときには自分が体の内部に入り込む感覚になります。内部はとても静かで穏やかであり、そこにはあなたが必要とするすべての英知、すべての勇気、そしてすべての愛があります。

その静謐《せいひつ》で安全な場所へ、自分が浮かびながら進んでいく状態を想像します。そこへ行くのは、自分自身を愛するためです。

もう一度大きな息を吸い、続いて吐くときに、自分が居心地のよい愛の椅子に身を委ねている様子を思い浮かべます。

次に自分の左側を見てください。そこには自分のイメージが見えます。そこに見えるのは魅力あふれる自分、そして喜びと希望の光を発している自分の姿です。この世には二人といない、特別な自分の姿です。

そんな自分の一面は、他人にはどう映っているでしょうか？　自分が2歳、あるいは3歳、7歳、15歳、22歳で、愛の気持ちを存分に発散しているときの姿であるかもしれませんね。そのとき、あなたの目は輝き、とても魅力にあふれています。

その当時の自分の姿を、今の自分の隣に招き、座らせます。そして、もう一度深く、ゆっくりと息を吸い、その呼吸で自分のハートを隣のもう一人の自分のハートにつなげます。

次に隣の自分に、自分のどんなところがすばらしいのか尋ねます。

「何が私をそんなに特別で、そんなに温かく、そんなにすばらしい人物にしているのでしょう？」

そして、隣にいる自分がその理由を説明するのを聞いてください。なぜ自分が自分を愛すべきなのか、その理由をすべて聞いてください。ゆっくりと息を吸い、息を吐きながら、今まで自分が他人に施した善行や、自分がサポートしてあげたおかげでその人の人生が豊かになった例に、耳を澄ませてください。

そうしているうちに、次第に自分の心が和んでいくのがわかります。**さあ、自分の人間性のすばらしさを感じ取ってください**。自分の心の善良さを認めるのです。

そして、もう一度ゆっくりと、深い呼吸をします。愛情にあふれた自分の言葉や行いが、人生で出会う自分の子どもたちを、兄弟姉妹を、同僚を、自分の住むコミュニティの人たちを、そして友だちを、いかに幸福にしているかということに思いを馳せます。

自分を心から愛することは、自分が会うすべての人に自分の愛を与えることだということを、よく理解してください。後ではなく、今、理解することが肝心です。

今度は今までに出会った人たち——あなたが愛した人たち、そしてあなたを愛した人、あなたのところにやってきて頰にキスをした人たち、まだ近くにいる人、去っていった人——全員を考えてみましょう。その人たちがあなたを元気づけ、あなたのすべての細胞に愛を染み込ませてくれます。

そして、呼吸に合わせて、次のマントラ（真理の言葉）を復唱してください。

「私は愛されている。私は魅力的。私は愛である」

このマントラを7回唱え、これらの言葉とあなたの間にあるすべてのわだかまりが足元の床に溶けて消える様子を想像してください。これらの言葉の持つ響きが、あなたと真実の間にあるすべてのことを溶かしてしまいます。

「私は愛されている。私は魅力的。私は愛である」

そのとおりなのです。

ここであなたがすべきことは、今のすばらしい自分であり続け、毎日、さらに熱心に、自分を慈しむことです。そして自分がつくった家の中、部屋の中、心の中のスペースのことに思いをいたし、自分を愛してくれる、すばらしいパートナーとの関係が訪れることを信じ、その最愛の人が現れることを楽しみながら待っていてください。

ビッグ・ラブはもうあなたのすぐそばにある

あなたはほんとうにビッグ・ラブの準備ができましたか？

次の質問に、大きな声で「イエス」と答えられた場合は、ほんとうに準備ができたものと判断できます。

①私は自分がビッグ・ラブに値し、すばらしい相手の人が存在し、私を探していると思う

②私はソウルメイトの性格や接し方、つながり方について、明確に理解している
③私は過去の人との古い傷は癒した
④私はトレジャー・マップを作成し、自宅にソウルメイトのスペースを誂えた。そして、ソウルメイトのイメージ・リストを書き、天に向かってその項目を発信している
⑤私は自分を愛し、仲間とのつきあいを心から楽しむことができる
⑥私は時間、エネルギー、そして他人との関係を育む力がある
⑦私はソウルメイトがすでに自分と一緒に住んでいるような生活をしながら、ソウルメイトの到来を楽しみながら待っている

以上の設問にすべてイエスと答えられた場合は、おめでとうございます！　本書で解説した原則を活用し、課題を実行した場合は、あなたはソウルメイトを引き寄せるためにすべきことは完了しています。つまり、ソウルメイトに求める項目を明確に示し、〝注文はすでに提出している〟わけです。

また、知らず知らずに愛を遠ざけていたかもしれない心の傷は、すでに手当てしました。これまでの人生や心、自分の家にたまっていたゴミはきれいに掃除しました。自宅はソウルメイトの到着を今や遅しと待っています。すでに新しい愛が育つ場所を整えました。考

え方も改め、自分が欲し自分に値する、愛情いっぱいの確かな相手を、あなたは今や引き寄せられるようになりました。

そしてこれがいちばん重要なことですが、自分に〝何ができるのか〟よりも、自分が〝誰であるのか〟という質問の答えのほうが、ずっと力強く相手を引き寄せるということを会得したと思います。換言すると、あなたは自分を徹底的に愛することができるようになったのです。

私は自分の人生を振り返り、この時期、つまり自分を大切にし、自分を愛したこの時期がとても実り多かったことをはっきりと覚えています。自分を好きになれば、愛だけではなく、もっとたくさんの友情、たくさんのチャンス、たくさんの成功を求めるようになります。つまり、望むことはすべて引き寄せようとするようになります。

また、驚くようなことを私が悟った日のことも覚えています。それは、**たとえ私がソウルメイトに出会わなかったとしても、私にはすばらしい人生がある、すばらしい人生を歩み続けることができる**、ということに気がついたことです。

これは逆説的に聞こえるかもしれませんが、その日、私は両方の感情――つまり、自分はこれまでの人生を歩めばいいという気持ちと、ほかの人と一緒に歩みたいという気持ちの両方――を同時に持つことができ、心が突然、平穏になったのです。

私がそう悟ってから間もなく、ある気高い女性と魔法のような出会いをし、私の人生もそこから変わっていくことになりました。

わがソウルメイト、ブライアンとの出会いを語る

1977年6月22日、**私は〝抱きしめる聖者〟と言われているアンマに会いに行きました。**彼女はインド人で、抱擁《ハグ》(ダルシャン)を通じて愛を実践しています。

私は数年前にディーパック・チョプラからアンマのことは聞いていました。チョプラはこう教えてくれました。

「アンマは本物だ。ハグをしてもらえるチャンスがあったら、ぜひそうしてもらうように」

私は1週間のプログラムを申し込み、少なくとも2回はアンマに抱擁してもらえると考えました。その前年には、私は自分自身、そして自分が関係を続けられなかった人たちをゆるすことに費やしました。ソウルメイトのイメージ・リストも作成し、宇宙に発信しました。過去に好きだった人と自分をつなげていたエネルギーも断ちました。そして、私のソウルメイトは実際に存在していると心から信じるようになっていました。そして、これらの

準備が実を結ぶために、少し、宇宙の力が必要だったのです。

そのプログラムの最初の日の夜、私は辛抱強く並んで、自分の順番が来るのを待ちました。私の気分は高揚し、少しはらはらしていました。私には考えていることがあるけれど、それがうまく伝わるかどうか心配だったのです。アンマは抱き締めるときに、相手の耳元で何かをささやくかもしれないとのことでした。しかし、アンマに英語で話しかけても、英語を話さない彼女にはわからないのです。

ついに順番がやってきて、アンマが私を抱擁したとき、私は彼女の耳元でこう話しました。

「アンマさん、ソウルメイトに出会うことを邪魔している、内なる私の悪いところを治してください」

私がそう言うと、アンマは笑い出し、いっそう強く抱いてくれました。私の願いはアンマに伝わったことがわかりました。

その晩、とてもはっきりとした夢を見ました。夢では紫の服を着た7人の女性が出てきて、歌を歌ってくれました。歌詞はこうでした。

「アリエールの順番はベスの後……」

朝、目覚めたとき、私はあの歌は何かの前兆だと確信していました。

「私のソウルメイトは近くにいる。しかし、彼は今、ベスという名の別の女性とつきあっている」

翌日の夜、アンマから2回目の抱擁を受けることになりました。このときは彼女の耳元で「私にソウルメイトを送ってください」と頼み、ソウルメイトのイメージ・リストの項目を早口で伝えたのです。アンマはまた、強く抱き締めてくれました。

3週間後、仕事のため、急にオレゴン州ポートランドへ行くことになりました。私が広報を担当していた作家の一人であるニックが、重要なテレビ番組に出演できることになったのです。番組の収録はロサンゼルスのテレビ局ではなく、ポートランドにあるニックの自宅で行うことになり、出版社は私にポートランドへ行って撮影を仕切ってもらいたいということでした。私はニックの事務所に連絡し、ニックのビジネス回りの仕事を担当していたブライアンと話し、彼が翌日、私をポートランドの空港まで迎えにきてくれることになりました。

ポートランドへのフライトでは、私の気持ちはいつになく不安になっていました。その理由を、私は初め自分がデトックス・ダイエットをしているからだと思っていました。それまでの1週間、さまざまなジュースやスープの調整ドリンクだけを飲む生活をしていたのです。しかし私の不安はそれが原因ではないことがすぐにわかりました。

ゲートに着き、ブライアンの指示どおりターミナルを出るとすぐに彼がわかりました。彼を見た瞬間、私はこう思いました。

「ベスって、誰かしら？」

そして慌てて、その考えを打ち消しました。

「彼は私のタイプじゃないわ。私、今日ちょっとおかしいのかしら？」

ニックの自宅に到着すると、テレビ局の担当者たちがインタビューのセッティングをしていました。撮影の準備が整うと、私は部屋の後ろでブライアンと並んで長椅子に座りました。

インタビューが始まりました。私はもっとニックと司会者の会話に集中すべきでしたが、そのときは自分の手でブライアンの肩を揉んであげたい衝動にかられていて、気が散ってどうしようもありませんでした。衝動があまりにも強かったため、私は両手をお尻の下に置いて押さえていました。

1時間ほど前に初めて会ったばかりの人の隣に座っていた私は、こんな声を聞いたのです。

「この人が待っていた人よ。ついに来たの。この人が、一生自分が一緒に生きていく人なの！」

そのとき私は、自分が正気を失っている気がしました。だって、それまでに一度としてそんな声など聞いたことなかったのですから。まして、赤の他人の肩を揉みたいなんて！どうしちゃったのかしら？

インタビューが終わると、照明がつき、私たちは立ち上がりました。そして、ブライアンが私にこう聞きました。

「空港で僕と初めて会ったとき、僕に見覚えはありませんでしたか？」

驚いた私はこう答えました。

「ええ、そうね。でも、どうして？」

彼は**「あなたのことは夢で見ていたから」**と言いました。

彼の言葉であっけにとられた私は、その場から離れ、外の新鮮な空気を吸いたいと考えてドアへ向かいました。

そのとき、ニックがブライアンに次のように言っているのが聞こえました。

「アリエールを、フライト前にディナーに誘うことにしよう。エリザベスも誘ってみれば？」

私は湖岸のテラスに出て座り、考えました。

「そうだったの。ベスは、やはりいたのね。エリザベスはベスのこと。ブライアンの奥さんでしょう……」

するとまた例の声が聞こえてきました。

「心配しないように。彼らはまるで兄と妹のようなものだから」

この声がどういう意味なのか、私にはわかりませんでした。

その日遅く、私、ブライアン、ニック、ニックの妻、そのほか数人とディナーに行きました。そして、エリザベスも友だちとやってきました。

暑い夏の夕べで、レストランのサービスはこれ以上遅くはできないほど遅く、なかなか料理が運ばれてきませんでした。料理が来ないうちに私のフライトの離陸時間が迫ってきました。ニックは私が注文した鱒《ます》の料理を持ち帰り用のボックスに入れるように手配し、ブライアンが高速道路を突っ走って私を空港まで送ってくれることになりました。

その途中、私は鱒の料理を自分で食べ、また運転しているブライアンにも食べさせてあげました。このとき、私の口から信じられないような言葉が出ていました。こんなことを言っていたのです。

「私、子どもは欲しいと思わないの」

これに対して、ブライアンはこう言っていました。

「子どものことで僕とエリザベスは別れることにしたんだ。彼女は子どもが欲しかった。

僕は子どもはいらない」

「私はタントラ・パートナーが欲しいの」

私はこう答えていました。タントラとは性愛を中心に考える宗教哲学のことで、これを聞いたブライアンは驚きのあまり、もう少しで道路から飛び出しそうになりました。

後でわかったことですが、彼も私に会うまでの3週間、思いを馳せ続けていたそうです。そして彼の話によれば、**私と空港で会う日の前夜、私たちはすでにタントラのヤブヤムの姿勢になっていたそうです**。この姿勢では、胡坐《あぐら》をかいて座った男の人の腿《もも》の上に女性がまたがり脚を男性の腰に回し、すべてのチャクラを合わせて一体となります。

空港に着くと、さっとハグをして私はロビーに向かいました。ターミナルの中で待っているとき、私はヴェーダ占星術師のマーク・ボウニーに電話をし、手短にブライアンのことを話し、先ほど聞き出したブライアンの誕生日を伝えました。

私が自宅に帰るとボウニーが次のようなメッセージを電話に残していました。

「二人の出生図を調べました。これほど明白な予言をするのは初めてです。二人は運命づけられた関係にあり、結婚することになります」

1週間後、ニックの本の広報活動のツアーのため、ニックとブライアンがサンディエゴに到着しました。ニックがスピーチをしている間、私とブライアンは部屋の後ろで、まるで中学1年生のようにかしこまってノートをとりながら、聞いていました。

それからものごとは急転したのです。

3週間後、ブライアンと私は婚約しました。その2カ月後、ブライアンは私と一緒に住むため、ラ・ホヤに引っ越してきました。

アンマに私のソウルメイトを見つけてほしいと頼んでからちょうど1年後、数千人の人々の前で、アンマはヒンズー教の儀式に則《のっと》り、私たちを結婚させました(私がアンマに依頼したことは、本書で紹介してきた〝ソウルメイトの見つけ方の秘訣〟に従って、私が2年間をかけてゆっくりと準備してきた頂点の象徴だったわけです)。

私はブライアンと会う前にいろいろな準備をし、さまざまな経験をしましたが、それらの準備があったからこそ現在二人が一緒になっているのだ、と私は確信しています。ビッグ・ラブの準備ができる前に、私が〝バッド・ラブ〟を経験することは必要なことだったのです。まず自分自身と結婚し、そして愛にあふれ、精神生活を尊ぶ人格へと、また、幸福で成功した人物へと成長する必要がありました。そうなって初めて、私が自分の理想のソウルメイトにふさわしいパートナーとなれたのです。

ブライアンにとっても同じでした。私との生活を始める前に、考えを明確にし、身辺を整理してすっきりするなど、しなければならないことがたくさんありました。

このようなことはあなたにも、そしてあなたの最愛の人にもあてはまります。大きな興行の例――たとえば、ブロードウェイでの上演――で考えてみましょう。初日の夜の華やかさは、その初演に至るまでの日々に、数えきれないほどの準備がなされています。観客はまるで魔術のように観るかもしれませんが、見えないところで周到な配慮があったわけです。

自分の愛のストーリーを舞台にセットすること、シナリオを書き直すこと、プロットを精緻に仕上げること、また、完璧なキャストを配すること。これらに対するあなたの準備は、結局、あなたが最愛の人との人生を楽しむときに反映されることになります。

また、本書で学んだ法則やエクササイズについて、完全にコントロールすることは不可能だということもよく覚えておいてください。つねにあなたを動かし、あなたを導く、見えざる力が働いているのです。

私たちは人間ですから、自由な意思があり、自由に考え、そして自由に行動することができます。しかし同時に、私たちは宇宙に存在し、全体の一部であり、神さまに今を生かしてもらっています。これらの力が交わるところ、人はそれを「魔法」と呼びます。


さあ、準備をしてください。

タイミングを計ってください。

そして、波に乗るのです。

あなたのビッグ・ラブがあなたのもとに近づいていることを信じて、愛をあなたに贈ります。

あとがき

『こころのチキンスープ――愛の奇跡の物語』著者
ジャック・キャンフィールド

「引き寄せの法則」を40年間も研究し、実践し、そして教えてきた者として、私は本書に出会ったことで感動を覚えています。

その理由は、本書がマニフェステーションの普遍的な原理を、パートナーを引き寄せるための行動へとあまりにも巧みにつなげ、そして具体的な行動計画として提案しているからです。

もしあなたが、本書でアリエールが説明した秘訣をすでに実行している場合は、マニフェステーションのプロセスは次の3段階に分けられることを理解したと思います。すなわち、**ステップ1が「依頼」すること、ステップ2が「信じる」こと、そしてステップ3が「受け取る」ことです。**

あなたが本書を手にしたということは、ステップ１の「依頼」の段階へ進んだことを意味します。あなたはソウルメイトに出会いたいと望み、その望みを成就することを優先しています。

あなたがすでにソウルメイトに求めるイメージ・リストを作成し、理想の関係の視覚的表現であるトレジャー・マップも完成している場合は、ソウルメイトに求める自分にとってもっとも大事な性格や資質が明らかになったわけです。これは、力強く、明確に自分が欲しいものを「依頼」したことなのです。

次は、自分の引き寄せる力を「信じる」段階です。

２００６年に『ザ・シークレット』のＤＶＤがリリースされてから、何百人という方がこんな質問をしてきました。

「私はすでに何十回も『ザ・シークレット』のＤＶＤを見ました。望みを詳細に図にして描きました。トレジャー・マップもつくりました。毎日、瞑想もしています。でも、まだ欲しいものが手に入っていません」

彼らがそれぞれ、何を求めているのかに関係なく――もっとスリムになりたい、自分のビジネスを始めたい、あるいは理想のパートナーに出会いたいなど、なんであっても――私からの返答は同じです。

「さあ、ＤＶＤを見るのはもうやめて、ソファから立ち上がるときです！」

〝引き寄せ〟という意味の英語の〝Attraction〟の最後の６つのアルファベットが、〝action〟であることは偶然ではありません。単に欲しいものを瞑想し、トレジャー・マップなどでそれらを視覚化するだけでは、不十分です。私たちは人生におけるどんな局面でも結果を引き出したいなら、じっとしているのではなく、何かをやらなければならないのです。気力を持ち、知力を働かせ、体を動かすことが必要です。つまり、これは行動することであり、この行動が信じることにつながっていきます。

私は講演に行くと、すでにそのように行動し、自分を信じるようになった人たちにたくさん出会います。彼らの話を聞くと、自分の考えや行動に確信を抱いていることが私に強く伝わってきます。

そんな人たちは、こう言います。

「あとは成功が待っています」

「私は自分自身を、深く、充実した愛にふさわしいと思います」

私はそんな人たちには次のようにアドバイスしていますが、同じことを読者のみなさんにもアドバイスします。

「でも、もし行動を起こさないなら――生活の中に愛が入り込んでくるように、自分の能力を開発する努力をしていかなければ——これからもソウルメイトに出会うことはないでしょう」

なぜ、私がそう言えるのか。それは、**行動を伴わずただ単に信じていることは、ほんとうに信じていることではないからです**。

あなたはボールが空中にいつまでも漂い続けることを恐れ、投げることをためらいますか？　違いますね。重力がきちんとあなたの手元にボールを戻してくれることを信じているでしょう。この単純な例が示すとおり、自分が本気になって何かを信じれば、行動ができるのです。

行動は省略することができない必須の条件です。行動には二つの種類があります。二つともあなたを究極のゴールに導いてくれます。

一つ目は、〝簡単明瞭な行動〟です。それらは常識に基づく行動で、人生であれ、ビジネスであれ、あるいは恋愛関係であれ、ほんとうに成功したいのであれば、まず自分が現場にいなければならないことを教えています。

いささか野暮ったい表現をすれば、ヘラジカ（売春婦）を射止めたいなら、ヘラジカがいるところへ行かなければならない、ということであり、スピリチュアルな女性と出会うためには、バーではなく、教会へ通うことです。

いい男性と出会いたいなら、そんな男性が行くような場所に行くことです。もちろん、子守として人里はなれた別荘で生活していても、理想の男性に出会うことはあります――たとえば、郵便の配達人とか。それは、しかし、とてもまれでしょう。自分が望む出会いがかなう場所に、自分の身をつねに置いておくことによって、チャンスが増え、世間に向かって発信している引き寄せの力を強力にすることができるのです。

二つ目は、私が〝霊感的行動〟と呼んでいるものです。これは論理ではなく、衝動による行動であり、あなたの愛を見つける目標と直接つながっているものです。たとえば、ある朝車を運転して勤務先に向かっているとき、突然、高速道路から出て、お気に入りのコーヒーショップでカフェラテでも飲みたくなった場合。

そんな気分は気まぐれだとか、意味がないとして、簡単に無視されてしまうものですが、なぜそんな気分になったのか、また、そんな衝動に従って行動すればどうなるのかは、まるでわかりません。ひょっとすれば、あなたがラテを飲みたいと思ったその瞬間には、同様の衝動にかられたあなたの未来の夫や妻が、そのコーヒーショップに座っているのかもしれません。

本書で解説された秘訣を活用して、あなたはすでにソウルメイトを見つけるための強大な力を得ています。私の個人的な経験から言って、また、この方法を伝えた何万人という人たちの結果から、神さまは決して依頼を拒絶しないことがわかっています。神さまは衝動的な行動というかたちで、あなたに行動をさせます。だから、あなたのするべきことは、自分の内部から生じた霊感のような衝動に従って行動してみることです。たとえそれらが論理的ではなくとも、です。

万物の誕生は――それが人間であろうと、樹木であろうと、あるいはまた愛情問題であろうと――小さな一つの衝動から生じています。これは、あなたも小さな虫の知らせに従わなくてはならない、ということを示しています。

さて、マニフェステーションの3段階のプロセスの最終であるステップ3は、自分が依頼したことがらを〝受け取る〟ことです。

ここではまず、〝受け入れモード〟と呼ばれる心構えを培うために、前から抱いてきた期待は放置しておかなければなりません。〝受け入れモード〟は、「引き寄せの法則」に関する本などに登場する、自分たちを〝エイブラハム〟と呼んでいるスピリチュアルガイドたち（「エイブラハム」はスピリチュアル用語で、見えない世界にいる教師たちの呼称。聖書のアブラハムではない）が使っている用語です。

もし、自分が会うすべての人を、「私のパートナーはこの人かしら？」というフィルターをとおして評価するようになれば、自分の生活に流れ込む喜びのチャネルをかなり制限してしまうことになります。

就職の面接のときのようにかしこまって新しい人と接するかわりに、もう一歩下がってみると、いくつものタイプの恋愛関係を楽しめるスペースが自分の心や人生にあることに気づくものです。ボウリングに一緒に出かけると楽しい人や、自分と同じ音楽や芸術を好む人がいます。あなたを笑わせたり、一緒にいると自分がとても創造的で、生産的になれる人がいるものです。そんな人たちの姿が見えてきます。

私は、あなたがこれらの方々全員とのつながりを〝受け取る〟ようにアドバイスをしたいのです。一人一人がもたらしてくれるユニークなことがらをあなたが理解し活用できれば、あなた自身が自分の内在的な豊かさを引き出して、もっとすばらしい経験へと結びつけられます。

逆に、視野が狭いと自分が求めている愛をはねつけてしまうような狭量な心になってしまいます。ちょうど、なんら条件がなかったものに期待をすると、期待という条件の縛りをつけてしまうように、マニフェステーションについても厳格に締め切りを設けることは、愛に縛りをつけてしまうようなものです。

私は目標を設定することについては大の信奉者ですが、特に心の問題に関しては、いつまでに達成すべきという締め切りを設定することは、逆効果だと考えています。

もちろん、私はあなたがソウルメイトに出会うことを切望しており、神さまはあなたを、単にいじめるために、出会いを先送りにしているのではないことも保証できます。ただ、寂しいときや自暴自棄になったときには、そのように思うかもしれませんが、それは人の力では全体を鳥瞰したり透視したりできないからです。

渋滞情報を放送しているヘリコプターのことを考えてみましょう。このヘリはラッシュアワーのとき、上空を飛び回って、リアルタイムで道路情報を放送します。ラジオからは、自分が目的地へ行くのに、長い距離のあるルートを教えてくるかもしれません。しかし、今の道路の先には事故渋滞があり、勧められたルートのほうが簡単に目的地に行ける、ということが自分にわからないのです。


あなたはすでに自分の望みを宇宙に向かって発信しました。宇宙は今、この時間に、あなたが目標に向かう最良のルートを描いています。宇宙の視野は、あなたよりずっと広く、また、あなたには決して見えないあなたの将来も見えます。

ウサギの妊娠期間は2週間で、ゾウの妊娠期間は2年間です。それぞれの夢が実を結ぶにはそれぞれの準備期間が必要です。どうか、自分の内なる魅力を信じ、欲しいものをずっと依頼し続け、そして本能に従い行動し、あらゆるところから向かってくる愛を受け止めてください。

そして、自分が心に秘めている夢は、すでに現実になってきていることを信じてください。**あなたが探している人も、今、あなたを探しているのです。**

本書に登場する10冊の本　「ソウルメイト・シークレット」をより深く理解するために

①ロンダ・バーン著、山川紘矢＋山川亜希子＋佐野美代子訳『ザ・シークレット』（角川書店）
②マーシー・シャイモフ著、茂木健一郎訳『「脳にいいこと」だけをやりなさい！』（三笠書房）
③シャクティ・ガワイン著、宮崎伸治訳『理想の自分になれる法——CVという奇跡』（廣済堂出版）
④ヴェニス・ブラッドワース著、柳生直行訳『マインド革命——幸福への36章』（春秋社）
⑤ジャック・キャンフィールド＋ジェニファー・リード・ホーソン＋マーク・ビクター・ハンセン＋マーシー・シャイモフ著、福岡佐智子訳『こころのチキンスープ10——母から子へ 子から母へ』（ダイヤモンド社）
⑥ジャック・キャンフィールド＋ジェニファー・リード・ホーソン＋マーク・ビクター・ハンセン＋マーシー・シャイモフ著、福岡佐智子訳『あなたの天使がいるところ——こころのチキンスープ14』（ダイヤモンド社）
⑦ジョン・アサラフ＋マレー・スミス著、加島牧史訳『アンサー』（エクスナレッジ）
⑧ディーパック・チョプラ著、渡邊愛子訳『富と成功をもたらす7つの法則——願望が自然に叶う実践ガイド』（大和出版）
⑨デビー・フォード著、鈴木玲子訳『スピリチュアル・ディヴォース——離婚、それはスピリチュアルな出来事だった。別れても「前より幸せになる」ために…。』（ヴォイス）
⑩ペギー・マッコール著、桑野和代訳『運命力レッスン——毎日を気持ちよくポジティブに生きて』（ハート出版）

ソウルメイト・シークレット

運命《うんめい》の恋人《こいびと》と出逢《であ》い、最幸《さいこう》の結婚《けっこん》を実現《じつげん》する黄金法則《おうごんほうそく》

2009年10月15日　第1刷発行

著　者　アリエール・フォード
訳　者　橋本碩也《はしもとせきや》
発行者　武田雄二
発行所　株式会社ランダムハウス講談社
〒162-0814　東京都新宿区新小川町9-25
電話 03-5225-1610（代表）
http://www.randomhouse-kodansha.co.jp

デザイン　OICHOC
印刷・製本　豊国印刷株式会社

定価はカバーに表示してあります。
落丁・乱丁本は、お手数ですが小社までお送りください。
送料小社負担によりお取替えいたします。
本書の無断複写（コピー）は著作権法上の例外を除き、禁じられています。

© Sekiya Hashimoto 2009, Printed in Japan
ISBN　978-4-270-00540-8

★ランダムハウス講談社の好評ベストセラー★

ミカエルに出会ったとき、
あなたにも奇跡が起こる！

ドリーン・バーチュー博士、待望の最新刊！　本当にあった116の奇跡体験エピソードを紹介しながら、守護天使・ミカエルの「引き寄せ方」を解説する。これをマスターすれば、人生のどんなピンチも必ず乗り越えられる！

『ピンチをチャンスに変える
大天使ミカエルの超守護パワー』

ドリーン・バーチュー 著
山下理恵子 訳
定価：1560円（税込）
ISBN：978-4-270-00524-8

“幸せを運ぶエンジェルの絵”で話題！
天使画家
マナゴールド先生の
描き下ろし
ポストカード付き！

本書に登場する体験談の例

☆鮮やかな虹のサインとともにわが子の不眠症が一発で治った！
☆トラックと衝突するも青い光に守られて奇跡的に無傷で生還！
☆「すべてがうまくいく」ミカエルの励ましで末期ガンが完治！
☆ミカエルにお願いしただけで壊れた携帯電話が直りびっくり！
☆ミカエルの剣が元カレへの未練を切断！　毎日ワクワク気分に！
☆「隣の車線へ移りなさい」ミカエルの助言で大惨事を免れた！
☆ミカエルの導きで転職を決断！　現在では憧れの仕事で大活躍！